東京・大阪
名店の味が再現できる！

ひみつの町中華レシピ

東京・大阪 名店の味が再現できる！ ひみつの町中華レシピ

CONTENTS

Column

表紙:「中華料理 香港」(P12)
撮影:村瀬高司

マーク凡例

- 電話番号
- 営業時間(オープンからクローズまでの時間を記載しています)
- 休 定休日(原則として年末年始・お盆休み・GW・臨時休業を省略しています。「祝日」には「振替休日」が含まれる場合もあります)
- 交 交通(アクセスの一例。所要時間はだいたいの目安です)

【ご注意】

※本書に掲載されている情報は2022年10～12月の取材時のものです。本書発行後、新型コロナウイルス感染拡大の影響などにより、サービスの内容や営業時間が変更になる場合があります。最新情報をご確認のうえ、ご利用ください。
※表示価格は原則として取材時点での税率をもとにした消費税込みの金額を記載しています。別途サービス料がかかる場合もあります。本書発行後、金額が改定される場合もあります。※本書に掲載された内容による損害等は弊社では補償しかねますので、あらかじめご了承ください。※スタッフの方がマスク未着用であったり、客席にアクリル板の仕切りがなかったりといった写真は、あくまでも撮影用です。実際には各店でコロナ対策を実施しています。

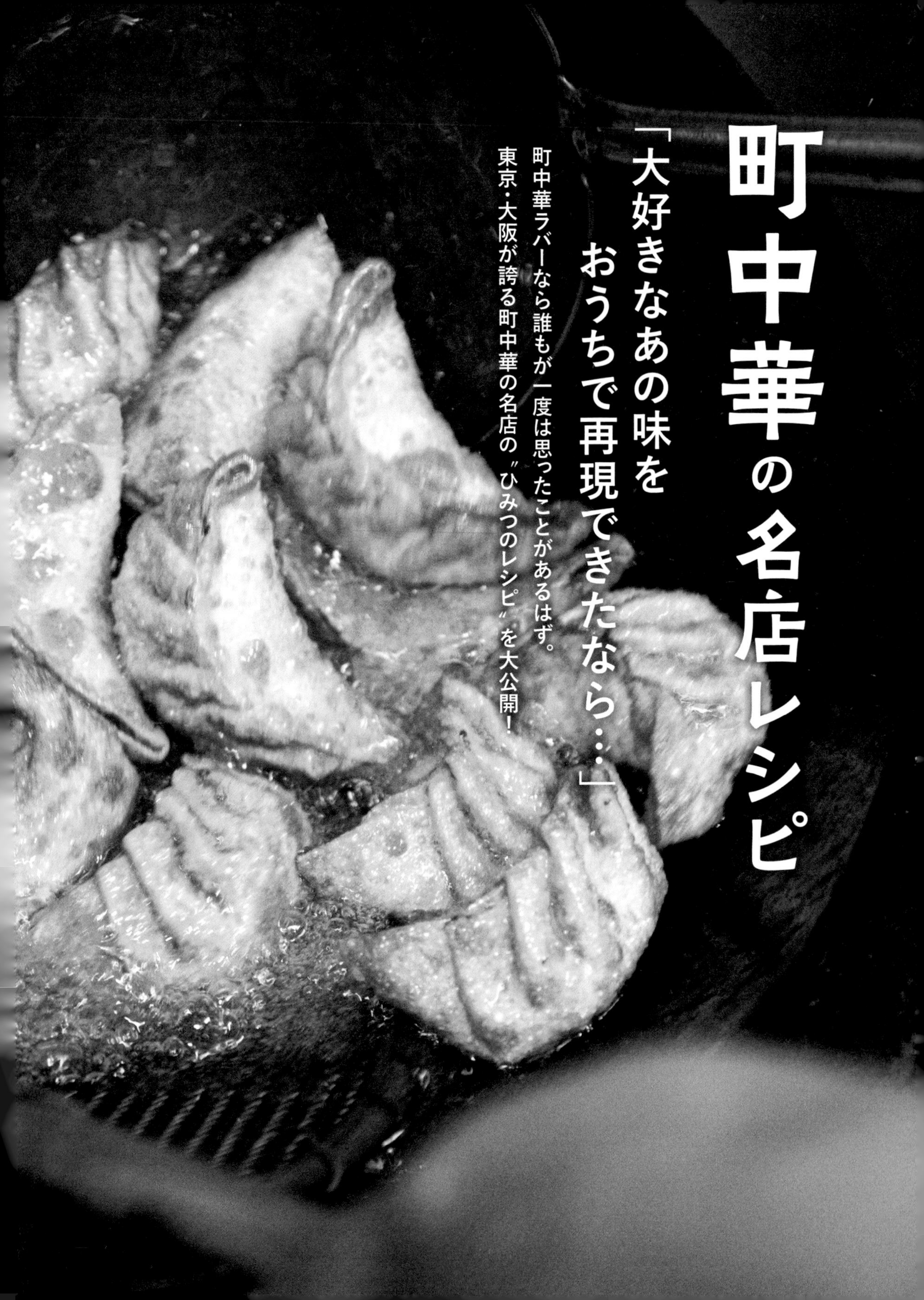

町中華の名店レシピ

「大好きなあの味を
おうちで再現できたなら……」

町中華ラバーなら誰もが一度は思ったことがあるはず。
東京・大阪が誇る町中華の名店の〝ひみつのレシピ〟を大公開！

〈意外と簡単！ ラードの作り方〉

●材料

豚の脂身 … 1kg

水 … 100ml

POINT

そぼろは捨てず、コロッケなどの料理に活用しよう！

●作り方

①鍋に豚の脂身と水を入れて中火にかける。アクが出てきたら取り除きながら、10分ほど熱する。

②肉の繊維が油と分離して「そぼろ」になったら、ザルでこす。

③布巾やキッチンペーパーを使って、②をさらに細かくこす。

④煮沸消毒した容器に③を移し、冷蔵庫で冷やせば完成！

名店レシピ

チャーハンの部

材料も作り方もシンプルだからこそ、技量が問われるチャーハン。
パラパラ、しっとり、玉子のせ…好みに合わせてマスターしよう！

玉子の布団をかぶった老舗の名物〝玉チャー〟

DATA

玉子炒飯　1100円

ふわふわの半熟玉子の甘みとチャーハンの塩味が融合。シンプルな味付けに自家製チャーシューの旨味が映える

パラパラ ー しっとり
シンプル ー 具だくさん
あっさり ー こってり

東京

紫金飯店《しきんはんてん》

原宿

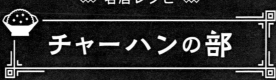

紫金飯店の「玉子炒飯」の作り方

[材料（1人前）]

ご飯 … 300g
卵 … 1個
ハム … 1枚
たけのこ水煮 … 10g
チャーシュー … 10g
ねぎ … 20g

ねぎ油 … 大さじ1
酒 … 少々
塩 … 少々
こしょう … 少々
旨味調味料 … 少々
しょう油 … 小さじ1

●玉子焼き
卵 … 2個
サラダ油 … 小さじ2
塩 … 少々
旨味調味料 … 少々

[作り方]

ハム、たけのこ水煮、チャーシュー、ねぎはみじん切りにし、卵は溶いておく。フライパンを強火で熱し、ねぎ油を入れる。

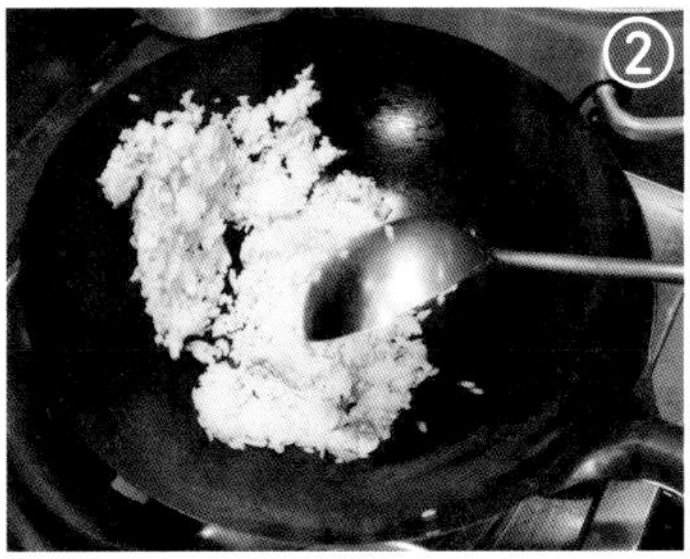

溶き卵を加えて軽く混ぜ、卵が少し固まったらご飯を加えて炒める。

酒、塩、こしょうを加える。ハム、たけのこ水煮、チャーシューを加えてさらに炒める。

旨味調味料を加え、しょう油を鍋肌から回し入れる。ねぎを加えて全体を炒め合わせ、皿に盛り付ける。

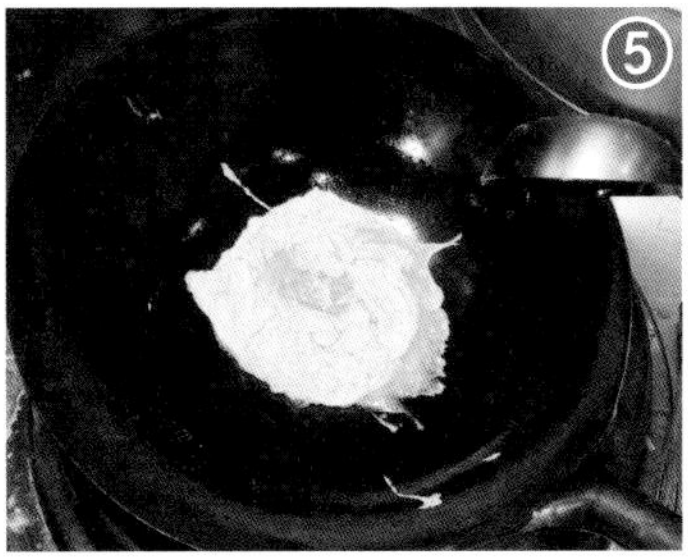

玉子焼きを作る。フライパンを強火で熱し、サラダ油を入れる。溶き卵、塩、旨味調味料を加え、油をなじませるように大きくかき混ぜる。

強火で表面だけを焼いたら、ひっくり返して裏面も焼く。卵が半熟のうちに、❹の上にのせたら完成。

2

1

1「スタッフはみんな家族同然です」。和気あいあいと働く姿に、訪れる客も思わず笑顔になる　2五目かた焼きそば1200円。藤井聡太竜王の勝負メシとしても話題になった　3リニューアル後も年季の入った床や壁は昔のまま。職人たちが厨房で鍋を振るリズミカルな音に食欲をそそられる　4おしゃれなネオンに誘われてやってくる若いお客も増えた

4

3

カルチャーの発信地・原宿で、ひときわ賑わう町中華がある。ネオンサインが光る扉を開けると、ご近所さんからサラリーマン、おしゃれな若者まで、文字通り老若男女がテーブルを囲んで思い思いの時を過ごしている。

「紫金飯店」は１９６６年に六本木で創業。原宿に移転してからも、近隣住民はもちろん、アパレル業界、プロ野球界、将棋界など、各界から熱い支持を受けてきた。現在は三代目の長谷川喬子《きょうこ》さんが受け継ぎ、スタッフたちとともに店の暖簾を守っている。そんな老舗が２０１９年に厨房設備の入れ替えを機に全面リニューアル。昔ながらの味わいはそのままに原宿のストリート感を取り入れ、懐かしさと新しさが融合した唯一無二の空間として生まれ変わった。

玉子炒飯は創業当初からあるお店の名物メニュー。ふわりと黄色いドレスをまとったチャーハンは、ご飯の塩味が玉子の甘みを引き立て、しっかりと満足感がありながらも口当たりまろやかな味わい。口の中で米粒がほどける絶妙な火入れ加減は、長年この店で鍋を振り続ける職人のなせる技だ。「町中華はエンターテインメント。『また行こっかな』と思ってもらえる店を目指して、これからも原宿に元気を届けていきたいです」と話す長谷川さんの笑顔が印象的だった。

紫金飯店

東京都渋谷区神宮前2-35-9
03-3404-7785
11:00〜15:30、17:30〜22:00、土曜11:00〜15:30、17:30〜20:00
㊡ 日曜・祝日
㊂ JR山手線原宿駅より徒歩約8分

どこかほっとする居心地のよい空間は、お客やスタッフが長い時間をかけてつくり上げてきたものだ

DATA

チャーハン　800円

米はオーナーの友人が育てた「あきたこまち」を使用。炒めるとパラリとした絶妙な食感になるという

パラパラ — しっとり
シンプル — 具だくさん
あっさり — こってり

東京

龍朋《りゅうほう》

神楽坂

1日に300食売り上げる
こだわり素材のチャーハン

創業は1978年。周囲には出版社や書籍関連の会社も多く、ランチタイム以外も常に行列ができている人気店だ。創業時から材料の作り置きはせず、毎日早朝からすべての料理の仕込みを行っているところにも美味しさの秘訣が隠されている。

名物メニューのチャーハンの具材はねぎ、卵、チャーシューの3種類を使用。しょう油、塩こしょうのみでシンプルに味付けされている。秘伝のタレで作られる濃厚な味わいのチャーシューは、具材の中でも特に存在感が光っている。すべて強火で一気に炒めて作るため提供もスピーディーだ。また、付け合わせのスープも豚骨や鶏ガラ、かつお節などから出汁を取ったこだわりのレシピで作られており、ファンが多い。チャーハンとの相性も抜群だ。

龍朋の「チャーハン」の作り方

［ 材料（1人前）］

ご飯 … 200g
卵 … 2個
チャーシュー … 80g
長ねぎ … 30g
ラード … 小さじ2〜3

A 塩、こしょう … 各少々
　しょう油 … 大さじ1

［ 作り方 ］

❶ 長ねぎをみじん切りにする。

❷ チャーシューは2〜3cm角にカットする。

❸ フライパンにラードを熱し、溶いた卵を流し入れて強火で一気に炒める。

❹ 卵に火が通ったら、❷と長ねぎを入れて強火で手早く炒める。

❺ ご飯を加えて強火で炒め、全体がなじんできたらAを加えて手早く炒め、器に盛り付けたら完成。

1壁にはメニュー札がずらり。麺がたっぷり盛られたりゅうほうめん800円をはじめ、麺メニューが充実している　2神楽坂の路地を入った場所に店を構える。「The Lahmen」と書かれた黄色いテントが目印　3現在、店を切り盛りしているオーナーの松﨑さん。温かい人柄もこの店の魅力だ　4ランチタイムを過ぎた取材時も、老若男女で賑わう店内

龍朋

東京都新宿区矢来町123
☎ 03-3267-6917
🕘 11:00〜22:00
㊡ 日曜、祝日の月曜
(交) 東京メトロ東西線神楽坂駅より徒歩すぐ

DATA

カニ玉炒飯　750円

カニ玉といってもふんわり玉子ではなく、カニ身と玉子を炒めたチャーハン。絶妙なしっとり具合で具材とよく合う

パラパラ ―――● しっとり
シンプル ●――― 具だくさん
あっさり ●――― こってり

大阪

中華料理《ちゅうかりょうり》 香港《ほんこん》

恵美須町

シンプルイズベストな 下町中華の王道チャーハン

「先代が料理は一切教えてくれへんかったから、全部自分の目で見て、舌で味を覚えて。このあたりは労働者の町やから昔は味付けも濃かったけど、今は薄めやわ。それでも他の店よりは濃いかもしれへんなぁ」、豪快に笑いながら鍋を振るのは、二代目店主の山下元《もと》司《し》さん。1969年創業、地元客で賑わう老舗ながらそのフランクな接客は昔から変わらない。

「カニ玉言うけど、玉子のせるやつちゃうで。うちとこはチャーハンというよりも焼き飯やな。みんな作りやすいと思うで」と、ささっと作るチャーハンは具材もシンプルで簡単そうに見えるが、そこはやはり熟練の技。カニ身は水臭くならないように手作業でほぐすなど、手間暇は惜しまない。一つひとつが名店の味につながるのだ。

中華料理 香港の「カニ玉炒飯」の作り方

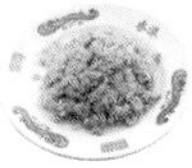

[材料（1人前）]

かために炊いた温かいご飯 … 茶碗1杯半分
卵 … 2個
カニ身（缶詰でも可）… 30g
玉ねぎ（みじん切り）… 1/6個
青ねぎ（みじん切り）… ひとつまみ
油（ラード）… 大さじ1程度
塩 … 小さじ1
旨味調味料 … 小さじ1
こしょう … 少々
しょう油 … 小さじ1

[作り方]

❶ 強火で熱したフライパンに油を回し入れ、溶いた卵を入れて軽く混ぜる程度に炒める。油は卵がふわっとする程度の量でフライパンの大きさに合わせて調整する（写真a）。

❷ 強火のまま、玉ねぎ、青ねぎを入れて炒め、塩、旨味調味料、こしょうの順で味付けする。

❸ ご飯を入れて、お玉の背で押し付けるのではなく、お玉の先を立てるようにしてつつくように炒める（写真b）。

❹ カニ身を入れ、軽く炒める。

❺ ご飯が色づく程度にしょう油を回し入れ、さっと炒めたら完成。

a

b

1通天閣からすぐ。赤い暖簾と提灯が目印　2「お玉の背で炒めるとご飯が潰れる。お玉の先でつつくのがちょうどいい。家でやるなら卵入れるときから中火で、最後の仕上げは強火で」と丁寧にアドバイスをくれる山下さん　3常連客が多いため、値段は長年据え置き

2

3

1

中華料理 香港

大阪府大阪市浪速区恵美須東1-19-12
☎ 06-6631-6327
🕘 17:00〜23:00(LO22:30)
㊡ 日曜
㊋ 大阪メトロ堺筋線恵美須町駅より徒歩約4分

◇◇ 名店レシピ ◇◇

麻婆豆腐の部

市販の素も手軽で美味しいけれど、本格的な味にも挑戦したい！
一度食べたらやみつきになる刺激的な3皿のレシピを紹介。

ミクスチャー町中華による ワインと相思相愛な味わい

DATA

焼きチーズ麻婆　1630円

とろ〜りチーズにこんがり焼き目！ レンゲですくうと青山椒の香りが広がり、ナスやアサリなどの具材がゴロゴロ

痺れ強 ─●─ 痺れ弱
豆腐サイズ大 ─●─ 豆腐サイズ小
豆腐種類：木綿

東京

上海菜館《しゃんはいさいかん》

学芸大学

上海菜館の「焼きチーズ麻婆」の作り方

[材料（1人前）]

木綿豆腐 … 1/2丁
豚ひき肉 … 50g
しめじ（ほぐす）… 20g
ナス（乱切り）… 40g
ニラ（3cm幅に切る）… 10g
アサリの水煮(砂抜きした生のアサリや冷凍でも可) … 5～7個
ザラメ糖 … 小さじ1/2
油 … 適量
中華スープ … 250cc
水溶き片栗粉 … 適量

A
にんにく（すりおろす）… 小さじ1
しょうが（すりおろす）… 小さじ1
豆豉（刻む）… 小さじ1/2
豆板醤 … 小さじ1/2
麻辣醤 … 小さじ1/2

B
中国しょう油 … 小さじ1/2
オイスターソース … 小さじ1/2
甜麺醤 … 小さじ1/2

とろけるチーズ … 適量

●仕上げ
ねぎ油 … 適量
ラー油 … 適量
万能ねぎ … 適量
糸唐辛子 … 適量
白髪ねぎ … 適量
青山椒 … ひとつまみ

[下準備]

木綿豆腐は3cm角に切って、塩小さじ1(分量外)を加えた沸騰したお湯で2分ほど茹でる。ナスは素揚げする。

[作り方]

煙が出るくらい熱したフライパンを油でコーティングし、A、豚ひき肉を強火で炒める。

豚ひき肉に火が通ったら、しめじ、ナス、ニラを加えて中火で炒める。Bで味付けし、木綿豆腐を加えてなじませる。

アサリの水煮、中華スープ、ザラメ糖を加え、中火で3分ほど煮込む。この時点で一度味見をし、味を調整する。

水溶き片栗粉を加えて強火でひと煮立ちさせ、仕上げにねぎ油、ラー油を入れる。強めにとろみをつけたほうが、チーズに負けない味になる。

❹を耐熱皿に入れ、隙間なくチーズを敷き詰める。バーナーで遠目から炙り、全体が溶けてきたら、バーナーを近付けてきつね色の焼き目をつける。

みじん切りした万能ねぎ、糸唐辛子、白髪ねぎ、青山椒をトッピングして完成。

1「上海菜館」の赤いネオン。地域住民に親しまれ、取材の日は小学生と思しき子供が柿のおすそわけにきていた　2噛むほどに、甘い肉の旨味がにじむ腸詰めガーリックチャーハン1250円　3店主の真田照久さんと妻の孝子さん。「彼女が母と店を守ってくれたから、ここまで来れた」と照久さん　4店内の壁には、アルバイトの美大生が描いたポップなメニューが並ぶ

ラザニアのエッセンスを織り込んだ看板メニュー・焼きチーズ麻婆は、本格中華でありながらイタリアンを感じる不思議な味わい。爽やかに青山椒が香る麻婆豆腐に、ナスやアサリなど具材たっぷり。とろけるチーズ、餡、ご飯の三位一体を頬張りながら、「きっと、バゲットやクラッカーにも合う」と確信する。二代目店主である真田照久さんが「店で定期的にワイン会を開いてくれる人がいて、ワインに合うものをと考えたのが始まりなんです」と話すのだから、ワインとの相性は言うまでもない。

　実はこの味、今の照久さんだから作れたメニューでもある。「上海菜館」は１９５９年に創業し、先代が若くして急逝。息子である照久さんが店を継いだ。レシピの残っていない先代の味を再現するのに苦労し、「焼売ひとつ納得がいくまで10年近くかかり、見かねたのか父が夢枕に立ったことも」。まさしく家族一丸となって店を守りぬいたのだ。

　50年以上続いたその味も、この10年で変化が。ビルの建て替えを機に、真田さんが複数の料理店で武者修行し、料理の腕をジャンルレスに広げてカムバック。店はさらなる進化を遂げた。壁に貼られたメニューの数々を見ながら「再訪するときは何食べようか」と考えてしまうほどに、すっかりトリコだ。

上海菜館

東京都目黒区鷹番3-12-5
03-3713-4808
11:30〜14:00、18:00〜21:00
(休) 火曜、不定休あり
(交) 東急東横線学芸大学駅より徒歩約2分

軽快に中華鍋を振る照久さん。ガーリック黒炒飯1200円も人気

DATA

麻婆豆腐　1000円

汗が噴きだす刺激的な辛さと丸みのある塩加減の麻婆豆腐は唯一無二の味わい。家庭で楽しめるチルド総菜も販売

痺れ強 ├─┼─● 痺れ弱

豆腐サイズ大 ├─┼─● 豆腐サイズ小

豆腐種類：木綿

東京

味芳斎

みほうさい

大門

創業60年の老舗で味わう 激辛&激旨麻婆豆腐

数々のメディアで紹介され、グルメ関連の賞を多数受賞するなど〝とにかくクセになる味〟と常連客や著名人が通い詰める、浜松町を代表する老舗中国料理店。中国の8大料理である本場の湖南料理と、医食同源のスピリットを今に伝える名店だ。

数ある人気メニューのうち、なんと言っても定番は、オレンジ色が鮮やかな激辛の麻婆豆腐。単に辛いだけでなく、熟成豆板醤の深いコクが豆豉《とうち》の塩加減と絡み合い、ぐずぐずに崩した豆腐の旨味を引き出している。白米やチャーハンにかけて食べるのもおすすめ。旨さの秘訣は特別な調味料より手際のよさ。60年以上鍋を振り続ける二代目レジェンド・藤山振《ぜん》東《どん》さんの味と技術は、今なお新たなファンを生み出し続けている。

味芳斎の「麻婆豆腐」の作り方

[材料（1人前）]

木綿豆腐 … 2/3丁
豚ひき肉 … 20g
にんにく … 5g
しょうが … 5g
ねぎ … 5 g
ラード … 大さじ1
豆板醤 … 小さじ4
豆豉 … 少々
山椒油 … 小さじ1
しょう油 … 小さじ1
鶏ガラスープ … 50ml
旨味調味料 … 小さじ1
片栗粉 … 小さじ2
水 … 小さじ2

[作り方]

❶ キッチンペーパーで包んだ豆腐の上に皿をのせ、水抜きしておく。

❷ 強火で熱したフライパンにラードを入れ、細かく刻んだにんにく、しょうが、豆板醤をよく炒める。

❸ 豆豉、山椒油を加え、さらに炒める（写真a）。

❹ 豚ひき肉を加えてほぐしながら炒める。豚ひき肉がほぐれて色が変わったら、豆腐を丸ごと入れてお玉で崩しながら炒める（写真b）。

❺ 細かく刻んだねぎを入れたら、鍋肌からしょう油を入れ、さっと混ぜる。

❻ 鶏ガラスープと旨味調味料を入れて煮立たせる。沸騰したら水で溶いた片栗粉を入れて完成。

a

b

2

1移転のため一時閉店中。営業再開は2023年3月上旬を予定。写真は移転前の店舗　2名店の味と技を受け継ぐのは藤山家の息子さんたち　3活気あふれる店内は昼夜問わず老若男女で満席。本格中華がお手頃価格で味わえる

1

3

味芳斎

東京都港区芝大門1-4-4 ノア芝大門B1F
※移転準備中
☎ 03-3433-1095
🕘 11:00～15:00（LO14:15）、17:00～22:00（LO20:45）、土曜・祝日11:00～15:00（LO14:15）、17:00～21:00（LO20:30）
㊡ 日曜
㊫ 都営地下鉄各線大門駅より徒歩約2分

DATA

麻婆豆腐　1540円

一般的な麻婆豆腐と一線を画すビジュアル。ランチタイムは1人前を880円の定食で食べられる

痺れ強 ├─●─┤ 痺れ弱

豆腐サイズ大 ├─┼─● 豆腐サイズ小

豆腐種類：木綿

東京

栄来軒《えいらいけん》

稲荷町

コク深い甘辛さが尾を引く！裏切りがうれしい大人の味

甜麺醤の甘みに、豆豉やピーシェン豆板醤のコク深さ。やさしい味と思いきや、駆け上がるように唐辛子の辛みが増していく。「辛い！」と言いながら、自家製の鶏と豚のスープを使用した重たすぎず上品な味わいで、スルスルとすすむ。豆腐を細かく潰し、全体が餡のようになっている見た目といい、予想を裏切る美味しさに頬がゆるむ。

二代目の関根和紀さんは中華の道40年以上、１９５８年創業の店と味を守ってきた。麻婆豆腐もその一つで、四川風の陳麻婆豆腐の系譜を受け継ぎ、積極的に豆腐を崩して水分を飛ばしたスタイル。蒸した饅頭《まんとう》に包んで食べると、ほんのり甘い生地とじわりと汗かく辛さの餡とのコントラストに悶絶するはず。

栄来軒の「麻婆豆腐」の作り方

[材料（1人前）]

木綿豆腐 … 240g
豚ひき肉（脂2:赤身8が理想）… 100g
中華スープ… 220ml
油 … 適量
水溶き片栗粉 … 適量
ラー油 … 適量
万能ねぎ … 適量
花椒（お好みで）… 適量

A
しょうが（みじん切り）… 小さじ2
にんにく（みじん切り）… 小さじ2
四川豆板醤 … 小さじ2
ピーシェン豆板醤（四川豆板醤でも可）… 小さじ2
豆豉（蒸して潰す）… 小さじ1

B
甜麺醤 … 20g
しょう油 … 小さじ1

[作り方]

❶ 木綿豆腐は3cm角に切って、沸騰したお湯で2分ほど茹でる。

❷ 煙が出るくらいに熱したフライパンを油でコーティングし、Aと豚ひき肉を強火で炒める。

❸ ❶、中華スープ、Bを加えて強火で煮立たせたら、さらに2分ほど煮詰める。

❹ 木綿豆腐をお玉で崩し、水分を飛ばすように強火でさらに煮詰める(写真a)。 水分が飛んできたら、少量の水溶き片栗粉を加える(写真b)。

❺ 仕上げにラー油、万能ねぎを加え、さっと混ぜる。

❻ 皿に盛り付けて、お好みで花椒を振ったら完成。

a

b

1駅から少し歩いた場所にある渋い店構え。1階が厨房、2階が客席で奥には回転テーブルもある 2ピカピカに磨かれた厨房で、鍋を振る関根さん 3ふわっと湯気が上がる熱々の生地に、餡を包んでいただく。饅頭はメニューにないので、注文できるか事前に確認を

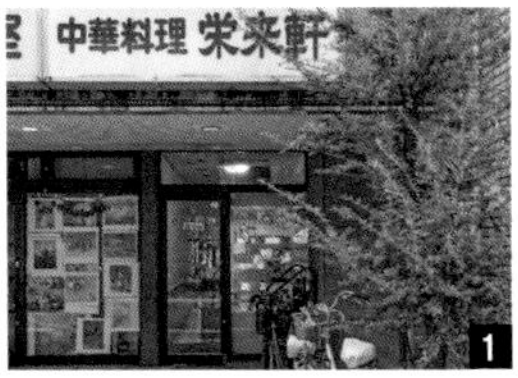

栄来軒

東京都台東区北上野2-2-4
03-3841-4175
11:30〜14:00、17:00〜20:30
休 火曜
交 東京メトロ銀座線稲荷町駅より徒歩約7分

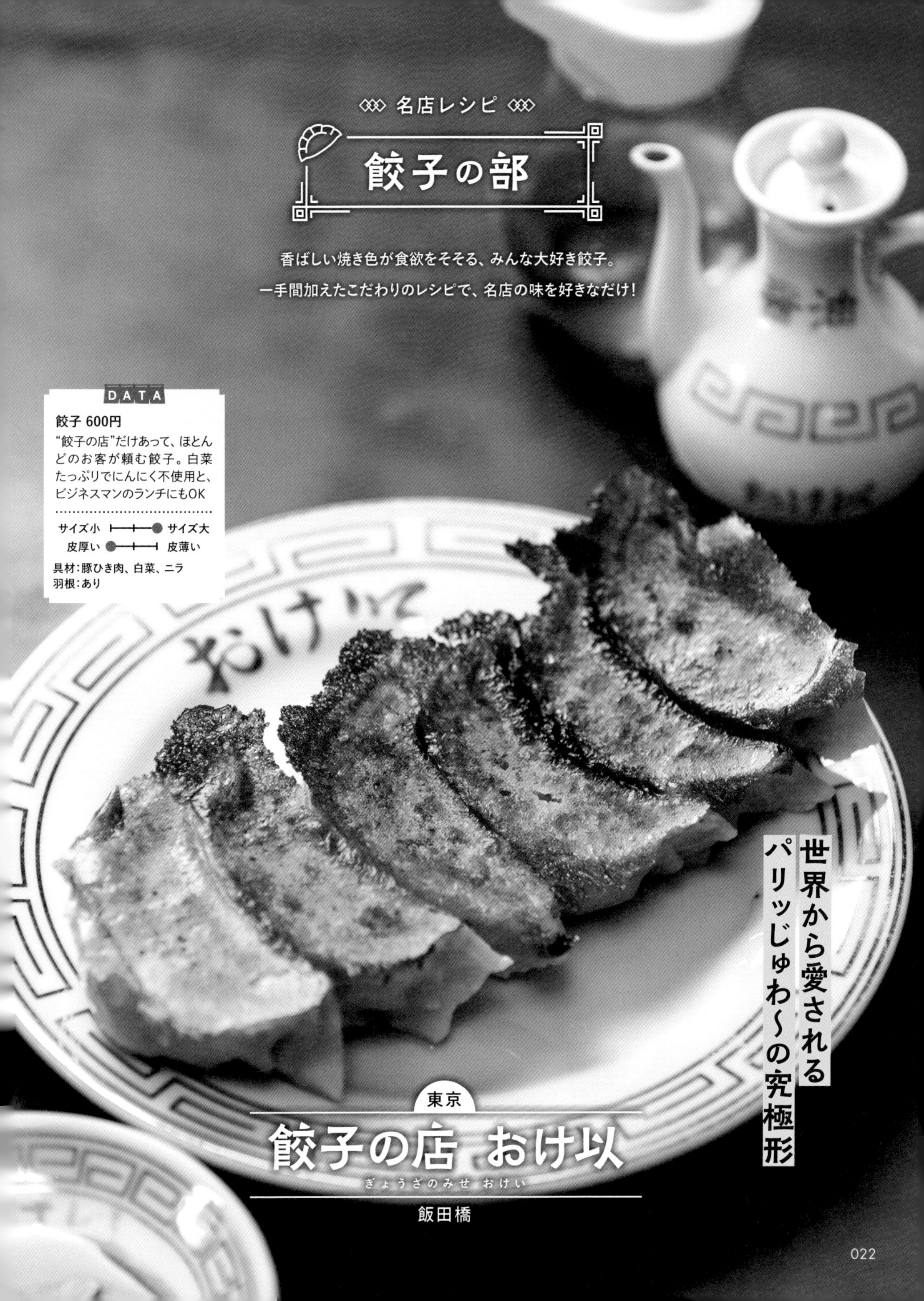

名店レシピ

餃子の部

香ばしい焼き色が食欲をそそる、みんな大好き餃子。
一手間加えたこだわりのレシピで、名店の味を好きなだけ！

DATA

餃子 600円
“餃子の店”だけあって、ほとんどのお客が頼む餃子。白菜たっぷりでにんにく不使用と、ビジネスマンのランチにもOK

サイズ小 ├─┼─● サイズ大
皮厚い ●─┼─┤ 皮薄い

具材：豚ひき肉、白菜、ニラ
羽根：あり

世界から愛される
パリッじゅわ〜の究極形

東京

餃子の店《ぎょうざのみせ》 おけ以《おけい》

飯田橋

餃子の店 おけ以の「餃子」の作り方 

[材料（160個分／40個分）] ※160個の分量で作るのがお店のおすすめ

豚ひき肉 … 1kg／250g
白菜 … 2.5kg／630g
ニラ … 4束／1束
餃子の皮 … 160枚／40枚
片栗粉 … 小さじ1〜2ほど
お湯 … 適量

A
塩 … 50g／12g
旨味調味料 … 25g／6g
白こしょう … 7g／2g
粗びき黒こしょう … 3g／少々
しょうが … 15g／4g
ごま油 … 180g／45g

[作り方]

豚ひき肉をAと合わせて20分ほど練る。写真のようにペースト状になり、手ですくい上げて落ちなくなったら、冷蔵庫で一晩寝かせる。

湯通しした白菜を8mm角に刻み、水けを軽く絞る。

❶に、❷と2〜3cmに刻んだニラを加えて手でさっくり混ぜる。野菜の旨味を閉じ込めるために力を加えないのがポイント。

大判の皮に包む。再度、冷蔵庫で2時間以上寝かせる。

フライパンに火をつけて、多めの水（分量外）でといた片栗粉を注ぎ、餃子を並べる。餃子が1/3浸るくらいのお湯を注いで、8分ほど焼く。家庭用のコンロであれば、ずっと強火で焼くこと。

泡が大きくなりパチパチと水分が飛ぶ音がしたら、ラード（分量外）を回し入れる。カリッときつね色に焼き上がれば完成。

1カンカンと響く中華鍋の音。餃子のみならず、ニラレバ、チャーハンなども絶品だ 2ニラレバ720円。しっかりと下味をつけて揚げたレバーが、ビールや紹興酒によく合う 3綺麗に整えられた店内。鮮やかなグリーンのテーブルとイスが印象的 4雰囲気たっぷりの店構え。オープン前から行列ができ、休日は1時間待ちも珍しくない。緑色の看板にもご注目あれ

世界のレストランガイドでも高く評価され、焼くのは1日1300個。絶え間なく湯気がのぼり、餃子が焼かれる厨房を見れば、餃子がサーブされる前からもう尊い。羽根つきでパリッと焼き上げ、白菜たっぷりで軽やか。と思ったら、噛むごとにむっちりとした自家製皮の小麦の旨さ、あふれる濃厚な肉汁がボディーブローのように効いてくる。軽やかさと食べ応え、餃子に求める相反する欲求を両立しているミラクルな存在だ。

「まずは、タレなしで食べてみてほしい」と話すのは、店主の馬道仁さん。1954年創業、神保町で続いた「おけ以」が閉店を余儀なくされたときに店を引き継いだ二代目だ。1988年に現在の場所へ移転。馬道さんは仕事で付き合いがあった縁で、建築士でありながら未経験の飲食業へと足を踏み入れた。先代の味を引き継ぐべく苦労を重ね、計算し尽くしたこの餃子の重みを熟知している人物と言っていいだろう。ごま油は香りの強いもの、豚肉は茨城県産を使うこと。餡をしっかり練ってから寝かせること。包むときは肉汁が逃げないよう皮を端まで閉じること。細かな分量や美味しくするコツをレシピに残し、長く勤める料理人に敬意を持って接する彼が一番の「おけ以」ファンなのだ。

餃子の店 おけ以

東京都千代田区富士見2-12-16
03-3261-3930
11:30〜13:50LO、17:00〜20:40LO
休 日曜・祝日、第3月曜
交 各線飯田橋駅より徒歩約3分

餃子の皮も自家製で、丹念にこねた生地は弾力が強く、伸ばして具材を包むのは職人技。「目を瞑っても作れる」と安里正さん

DATA

特製餃子（6個）　380円

写真は2人前。肉汁を含んだモチモチの皮も旨い。塩漬けの白菜とキャベツは季節により割合を変える

サイズ小 ―●― サイズ大

皮厚い ●―― 皮薄い

具材：豚ひき肉、白菜、キャベツ、ニラ

羽根：なし

大阪

雁飯店《がんはんてん》

茨木市

さっぱり自家製ポン酢で味わう 半世紀愛される具だくさん餃子

１９６９年創業以来、オーナーが熟練の技を駆使し、研究を重ねてきた餃子は、２０１９年に「大阪産（もん）名品」に認証され、茨木市のふるさと納税返礼品に選定されるなど地元のみならず全国から愛されている名物。

ぎっしりと具材が詰まった餃子は、タネに白菜とキャベツの塩漬けを使用することで、余分な水分が抜け、国産豚の旨味が凝縮。もっちりとした食感とボリューム感を出すために約1ミリの厚めの皮を使用し、両端を少し開けて包む〝大阪包み〟と呼ばれる包み方も特徴的だ。具材に加えるオランダ産高級ラードや、ほどよいバランスで加えたにんにくも味の決め手。生絞りゆず果汁と自家製出汁しょう油を合わせた自家製ポン酢でいただくと、さっぱりと何個でも食べられる。

雁飯店の「特製餃子」の作り方

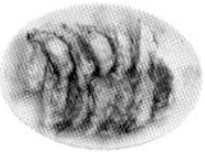

[材料（30個分）]

豚ひき肉 … 200g
白菜 … 125g
キャベツ … 125g
卵液 … 1/4個
ニラ … 5g（約1本）
餃子の皮（厚さ約1㎜）… 30枚
塩 … 適量
ごま油（ラードでも可）… 少々
水 … 適量

A
にんにく（すりおろす）… 好みの量
しょうが（すりおろす）… 好みの量
砂糖 … 小さじ1
旨味調味料 … 小さじ1
しょう油 … 小さじ2
こしょう … 少々
ごま油 … 大さじ1
ラード … 小さじ2

2

[作り方]

❶ 白菜とキャベツを細かく刻みボウルに入れる。塩を振りかけて混ぜ、ラップをして一晩寝かせる。

❷ 別のボウルに豚ひき肉とA、卵液、ニラを加えてよくこねる。粘りがでてきたら❶を加えてさらにこねる。

❸ 皮を手のひらに広げ、中央が厚くなるように具を皮全体に広げる。半分に折るようにして、まずは中央を、次にその両端をつまみ合わせて形を整える。

❹ 中火で温めたフライパンに油（分量外）をひいて餃子を並べる。

❺ 餃子が半分くらい浸かる高さまで水を入れ、蓋をしたら強火で5〜8分蒸し焼きにする。

❻ 水が沸騰したら残った水を捨てて蓋をして、中火でさらに3〜5分焼く。

❼ 焼き色がついてきたらごま油を数滴入れ、蓋をあけて表面をパリパリに仕上げたら完成。

3

1 駐車場完備。一品料理は80種類以上。要予約の本格中華コース6500円もある　2 餃子にぴったりなオリジナルポン酢2種類（ゆず1200円・すだち1090円）は店頭とAmazonで購入可能　3 1階のテーブル席のほかに2階には40人収容の座敷席もある　4 本格的な味に仕上げたい場合は、焼きの工程にもラードを加えてみよう

4

1

雁飯店

大阪府茨木市竹橋町2-5
☎ 072-624-0515
🕘 11:30〜14:30（LO14:00）、17:00〜21:30（LO 21:00）
㊡ 月曜（祝日の場合は翌休）
(交) 阪急京都線茨木市駅より徒歩約5分

東京

兆徳《ちょうとく》

本駒込

カリカリの揚げ餃子に黒酢餡がよく絡む！

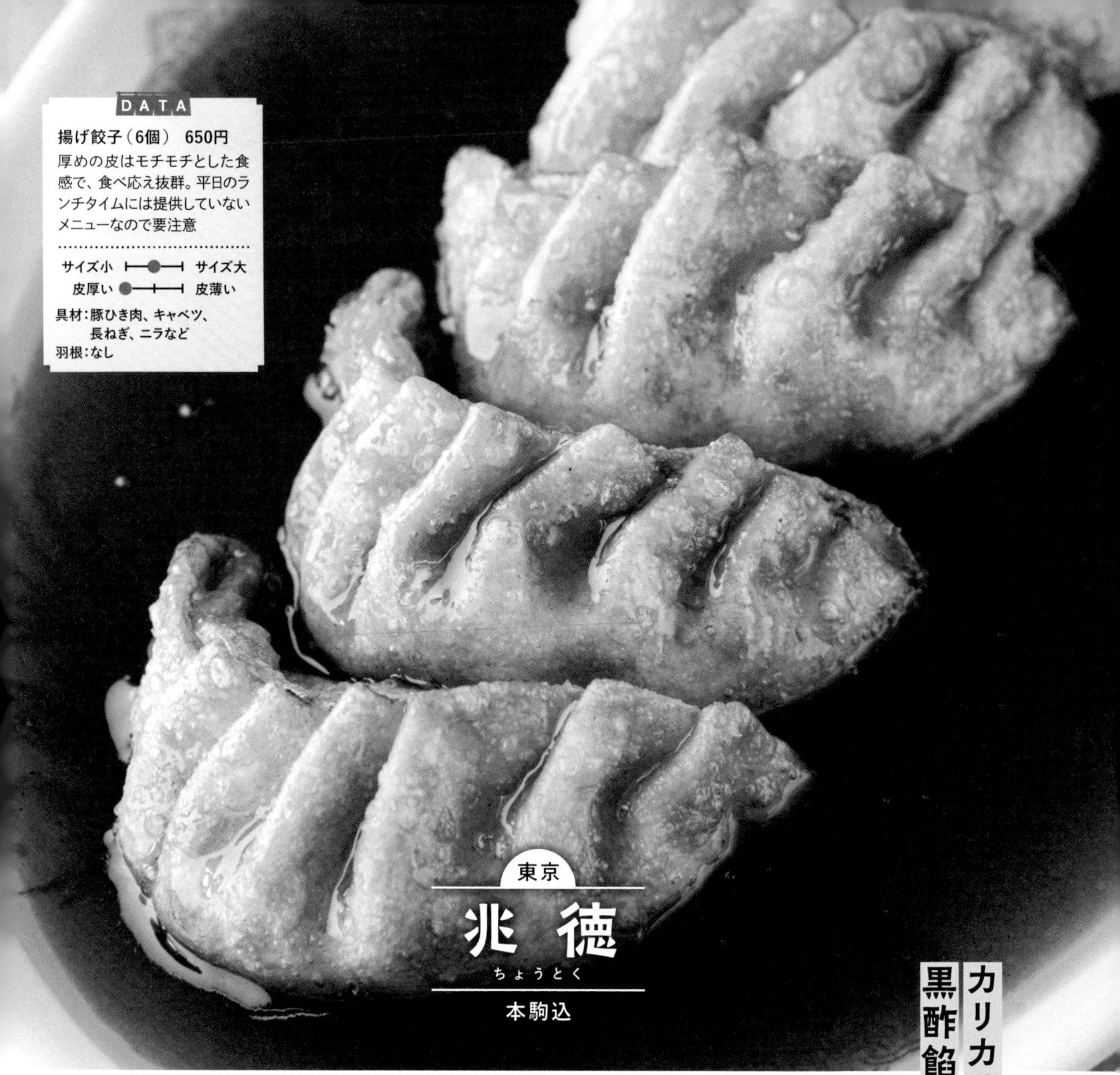

DATA

揚げ餃子（6個）　650円

厚めの皮はモチモチとした食感で、食べ応え抜群。平日のランチタイムには提供していないメニューなので要注意

サイズ小 ―●― サイズ大

皮厚い ●―― 皮薄い

具材：豚ひき肉、キャベツ、長ねぎ、ニラなど

羽根：なし

文京区・本駒込の住宅街に位置する中華料理店「兆徳」。店主の朱徳平さんが1995年に開業し、30年近く地元の人に愛されてきた町中華の名店だ。2022年3月には本店の近くにテイクアウト専門店をオープン。こちらも連日行列の賑わいを見せている。

看板メニューの一つである餃子は毎日職人が一つずつ具を手包みし、1日平均約600個を売り上げている。

餃子の中でも特にファンが多い揚げ餃子は、揚げたての餃子に甘酸っぱい黒酢餡のタレをたっぷり絡めた一皿だ。にんにくを使わずに仕上げているためさっぱりと食べられるのが特長。具材に使用されているキャベツと長ねぎは一度火を通してから包むため、実際に食べてみると旨味や香ばしさが凝縮されているのをしっかりと感じられる。

兆徳の「揚げ餃子」の作り方

[材料（約12個分）]

豚ひき肉 … 100g
キャベツ … 60g（約2枚）
長ねぎ … 20g
ニラ … 20g
しょうが（チューブでも可）… 5g
干しエビ … 5g
餃子の皮（通常サイズ）… 12枚
煮豚の茹で汁（水でも可）… 40ml
ラード … 小さじ1〜2
片栗粉 … 小さじ1
水 … 大さじ1

A
しょう油 … 大さじ2
砂糖 … 大さじ4
酢 … 大さじ3
鶏ガラスープ … 大さじ2

[作り方]

❶ キャベツは熱湯でさっと茹で、水けを切ってからみじん切りにする。長ねぎは細かく刻み、フライパンにラードをひいて中火でしんなりするまで炒めておく。

❷ 豚ひき肉に煮豚の茹で汁を入れて揉み込む。その上に❶と刻んだニラ、すりおろしたしょうが、干しエビを入れて全体をしっかり揉み込む。

❸ 餃子の皮の上に❷をのせて包む。具材を皮の中心に集め、そこに皮の端を寄せるようにして包むと形がまとまりやすくなる（写真a）。

❹ 揚げ油（分量外）を170度に熱し、中火で約3分揚げる。皮がきつね色に変わったら取り出し、油を切る。

❺ 黒酢餡を作る。Aをフライパンに入れて中火で熱し、全体が混ざったところで水で溶いた片栗粉を入れてとろみをつける（写真b）。

❻ 揚げた餃子に❺をかけて完成。

a

b

2

1 創業は1995年。地元の本駒込ではいつ訪れても行列の絶えない人気店として有名　2 店内にはカウンターだけでなくテーブル席も。スタッフの笑顔と活気があふれていて居心地がよい　3 揚げ餃子は強火だと焦げやすいので中火でさっと揚げるのが上手に作るコツだそう

1

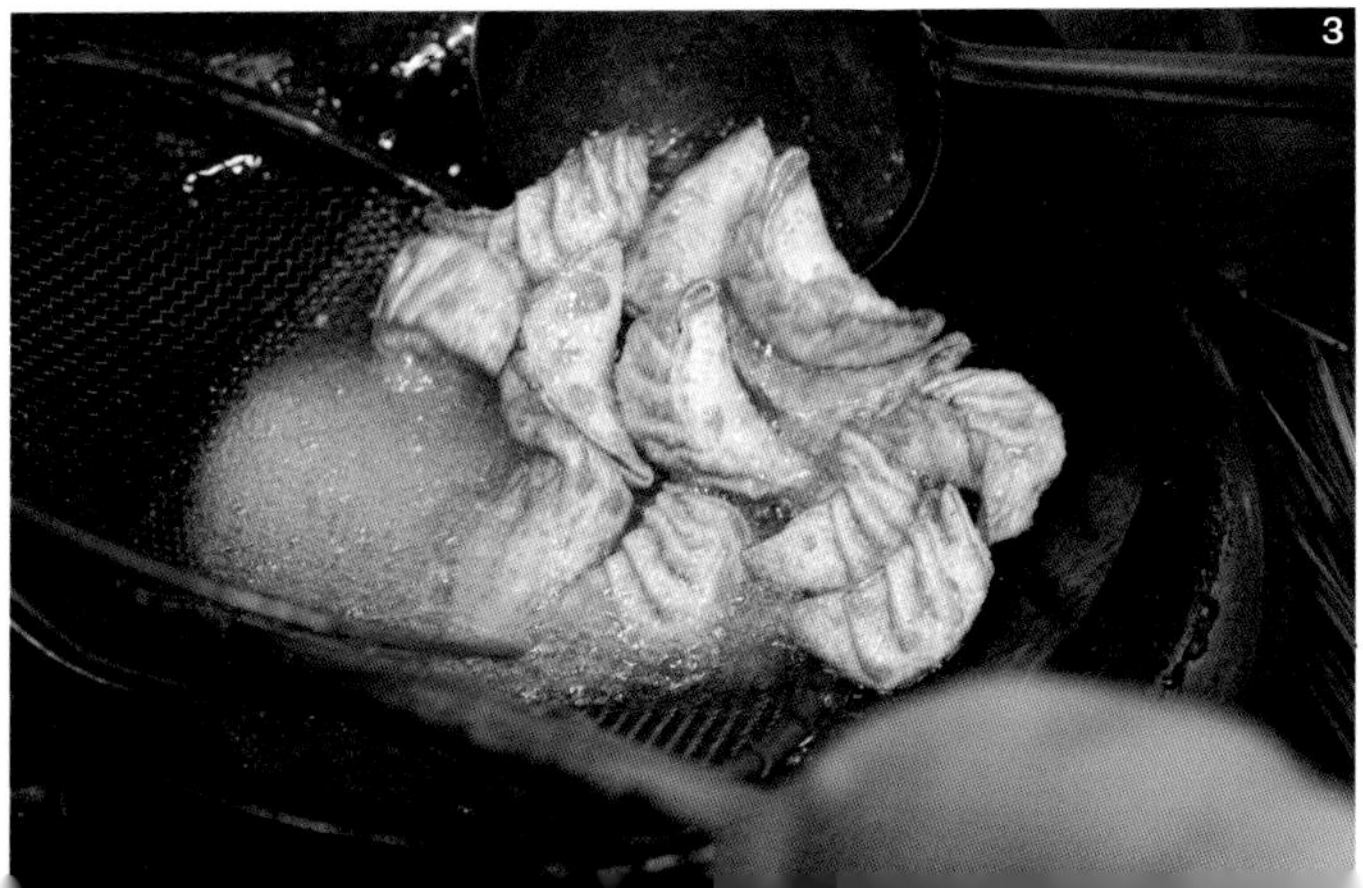
3

兆徳

東京都文京区向丘1-10-5
☎ 03-5684-5650
🕘 11:30〜14:30、17:30〜23:00、
土・日曜・祝日11:30〜14:30、17:30〜22:00
㊡ 月曜
(交) 東京メトロ南北線本駒込駅より徒歩約2分

名店レシピ

炒め・揚げ料理の部

お酒ともご飯とも相性抜群の炒め料理・揚げ料理。
材料や作り方を工夫するだけで家庭の味から名店の味に大変身！

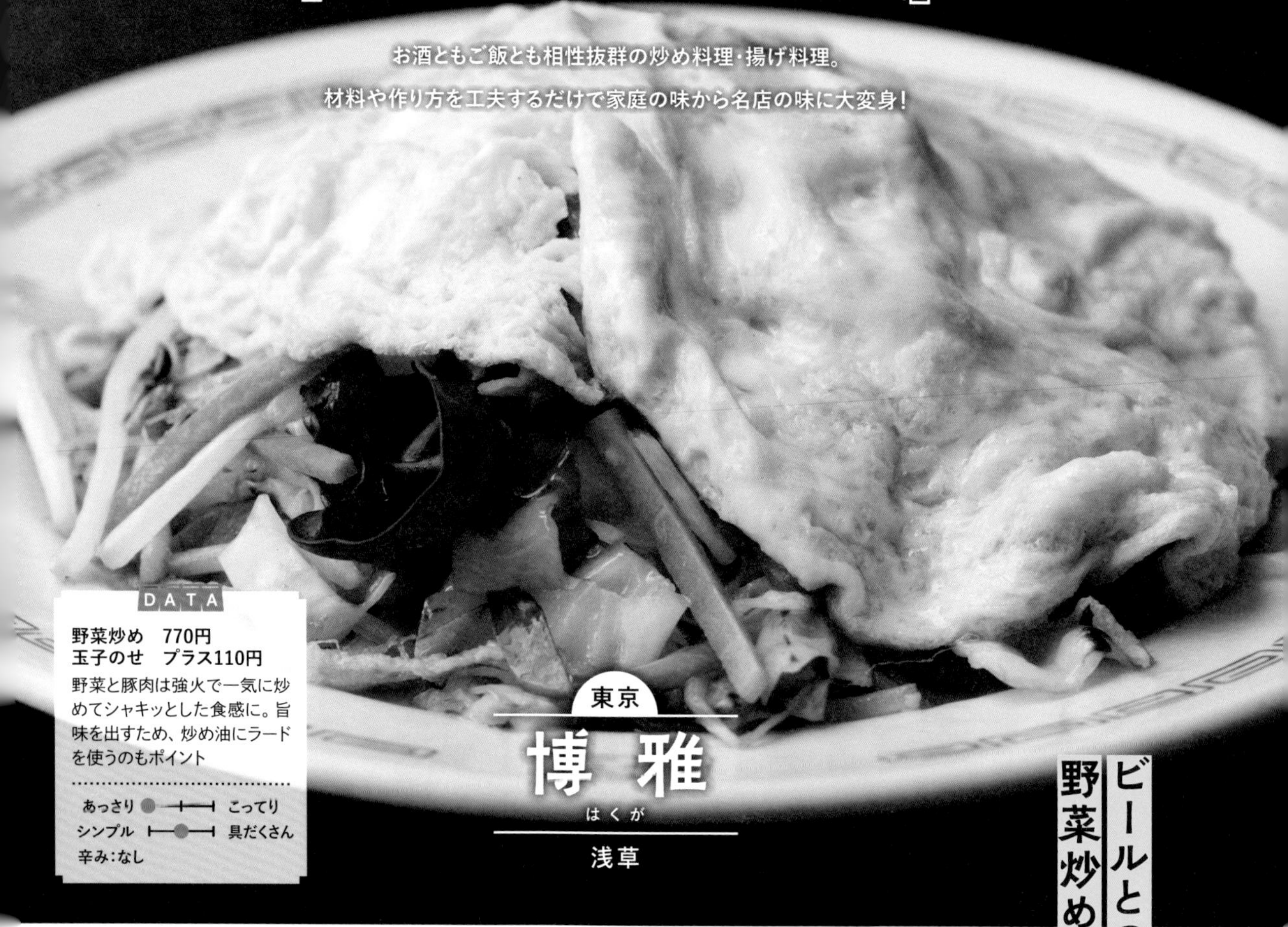

DATA

野菜炒め　770円
玉子のせ　プラス110円

野菜と豚肉は強火で一気に炒めてシャキッとした食感に。旨味を出すため、炒め油にラードを使うのもポイント

あっさり ●―┼―┤ こってり
シンプル ├―●―┤ 具だくさん
辛み：なし

東京

博雅《はくが》

浅草

ビールとの相性も抜群 野菜炒めとふんわり玉子焼き

浅草・雷門の近くで昭和初期から90年以上営業している老舗。創業時は中華料理店だけでなくすき焼き店も一緒に経営していたそうだ。当時から続くメニューの一つである博雅のシュウマイ550円は毎日一つずつ丁寧に包んで作っており、必ず注文するお客も多い。

野菜炒め 玉子のせは先代の時代に常連客からのリクエストに応えて作ったのがきっかけでメニューに登場。現在ではお店の隠れた名品になっている。色とりどりの野菜にふわふわの玉子焼きがのった見た目がとにかく美しい。シンプルな味付けで素材の美味しさをしっかり感じられるのも魅力。ラーメンやチャーハンに追加で注文するだけでなく、お酒のおつまみとして楽しむこともできる一皿だ。

博雅の「野菜炒め 玉子のせ」の作り方

[材料（1人前）]

キャベツ … 120g
にんじん … 10g
たけのこ … 5g
乾燥きくらげ … 20g
もやし … 120g
ニラ … 10g
豚バラ肉（豚こまでも可）… 30g
ラード … 大さじ1
ごま油 … お好みの量
卵 … 2個
塩（溶き卵用）… ひとつまみ

A
塩 … ひとつまみ
こしょう … 少々
砂糖 … 少々
しょう油 … 小さじ1

[作り方]

❶ 豚バラ肉は一口大にカットし、あらかじめ熱湯で茹でておく。野菜は食べやすいサイズにカットしておく。乾燥きくらげは湯で戻しておく。

❷ 熱したフライパンにラードを入れ、強火でキャベツ、にんじん、たけのこ、きくらげを炒める。

❸ キャベツがしんなりしてきたらもやし、ニラ、茹でた豚バラ肉を入れて強火でさっと炒める（写真a）。Aをすべて入れて味をととのえ、仕上げにごま油を回しかけて香りをつける。

❹ フライパンから取り出し、皿に盛り付ける。

❺ 玉子焼きを作る。溶いた卵に塩を加えて❹のフライパンに流し入れる。中火で手早くかき混ぜて丸く成形し（写真b）、軽く焼き色がついたら野菜炒めの上にのせて完成。

a

b

2

1浅草という場所柄、地元客だけではなく観光客も訪れる 2三代目店主の石塚慎太郎さんと女将の純子さん。純子さんは元ミス日本の経歴を持ち、いつも明るい笑顔で出迎えてくれる 3麺や丼だけでなく一品料理も充実。慎太郎さんが考案したお酒に合うメニューも人気だ

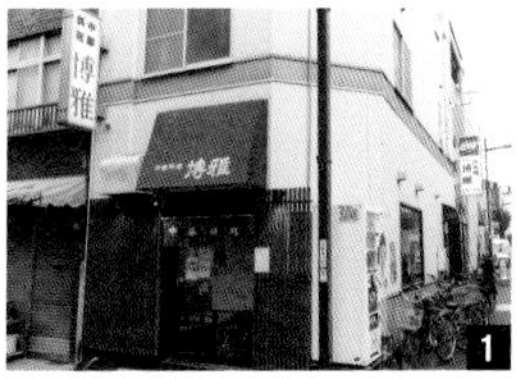

1

3

博雅

東京都台東区浅草1-15-2
03-3841-1881
11:30〜14:30（LO14:00）、
17:30〜22:00（LO21:00）、
土・日曜・祝日12:00〜21:00（LO20:00）
休 水・木曜
交 各線浅草駅より徒歩約4分

DATA

特製えびのピリ辛ソース　980円

プリプリのエビを包む衣はできたてはふわサク食感。ほんのり甘酸っぱいピリ辛のソースがどんどん染みてしんなりした頃合いも美味しい

あっさり ━━━● こってり
シンプル ●━━━ 具だくさん
辛み：ピリ辛

大阪

みわ亭《みわてい》

福島

ほどよい辛さのソースとエビが織りなす複雑な旨味

福島区でオープンしてから約27年、ランチタイムの行列がもはや名物となっている「みわ亭」。その行列に並ぶサラリーマンやＯＬたちのお目当てが、特製えびのピリ辛ソースだ。エビがまとっているやや厚めの衣に、絶妙な甘辛さでサラッとしたソースが染み込み、口の中でジュワリと複雑な旨さが広がる。

「修業時代に習った料理と身に付けた技術を忠実に守っているだけ。ソースをよく染み込ませるには揚げたての衣に絡ませるのがコツです」と店主の三輪寛さん。彼はかつてリーガロイヤルホテルにあった中国料理店の出身。ホテルクオリティのメニューをリーズナブルに食べられるとあって、変わらず人気を保っているのもうなずける。

みわ亭の「特製えびのピリ辛ソース」の作り方

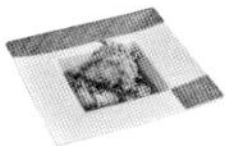

[材料（1人前）]

エビ … 8尾
溶き卵 … 23g
水 … 40ml
片栗粉 … 大さじ5
刻みにんにく … 3g
刻みしょうが … 3g
唐辛子 … 3g
ごま油 … 少々

A
砂糖 … 小さじ5
しょう油 … 小さじ4
酢 … 大さじ1
料理酒 … 大さじ1
紹興酒 … 大さじ1

[作り方]

1. エビの殻をむいて、塩（分量外）と片栗粉（分量外）をまぶして水洗いをする。
2. Aをボウルに入れて混ぜ、合わせ調味料を作る。
3. 別のボウルに洗ったエビ、溶き卵、水、片栗粉を入れ、しっかり混ぜ合わせて衣をつける。
4. 鍋に揚げ油（分量外）を入れて180度に熱し、強火でほんのり衣が色づく程度にエビを揚げる（写真a）。
5. フライパンに油（分量外）をひき、弱火で刻みにんにく、刻みしょうが、唐辛子を炒める。
6. 香りが出てきたら強火にして、②を入れて煮詰める。
7. ④を入れて絡め（写真b）、ごま油をかけて香りづけしたら皿に盛り付けて完成。

a

b

2

1 JR福島駅からなにわ筋を北上した交差点に立つお店は青色のテントが目印　2 カウンター席もあり、肩ひじ張らずに過ごせる雰囲気　3 北京料理と広東料理も修業していたという店主の三輪さん。「エビは余熱で火が通ることも考慮して強火で素早く揚げます」

1

3

みわ亭

大阪府大阪市福島区福島6-14-5
福島民放ビル1F
☎ 06-6454-6522
🕘 11:30〜14:00（LO13:45）、17:00〜22:00LO、土曜17:00〜22:00LO
㊡ 日曜
㊯ JR大阪環状線福島駅より徒歩約5分

DATA

木耳玉子　700円

ふわとろ食感の玉子に甘辛いタレが絡む。タレは多めに作っておけば餡かけなど他の料理にも使える。定食は850円

あっさり ├─┼─● こってり
シンプル ├─●─┤ 具だくさん
辛み：ピリ辛

東京

啓ちゃん《けいちゃん》

荻窪

おかずにも酒のアテにも 素材が際立つふわふわ玉子

店主の幸田啓さんは、中野の名店「尚ちゃん」で修業したのち25歳の若さで独立。新店の少ない町中華に新たな風を吹かせた。どの料理もしっかり濃い味付けで、定食のご飯は大盛り。そこには「安くて旨い飯をお腹いっぱい食べてほしい」という店主の思いが込められている。

看板メニューの木耳《きくらげ》玉子は、修業先で学んだ味に店主がアレンジを加えたもの。ふわふわの卵、きくらげ、玉ねぎ、豚肉、それぞれの食感がくっきりと立ち、豆板醤がアクセントの甘辛いタレが旨味をぐっと引き立てる。ご飯にもビールにも合う一品だ。ポイントは卵を焼き色がつくまで焼いてから一度取り出すこと。そうすることで卵の存在感をしっかり残しつつ、ふんわりと仕上げることができる。

啓ちゃんの「木耳玉子」の作り方

［ 材料（1人前）］

卵 … 3個
豚バラ肉 … 100g
乾燥きくらげ … 8〜10切れ
玉ねぎ … 30g
すりおろしにんにく … 小さじ1
ラード … 大さじ3
豆板醤 … 小さじ1
ごま油 … 小さじ1
水溶き片栗粉 … 大さじ1と1/2

●タレ（作りやすい分量）

水 … 150ml
顆粒チキンスープの素 … 小さじ1
砂糖 … 大さじ1
しょう油 … 大さじ2
オイスターソース … 小さじ1

［ 作り方 ］

❶ タレを作っておく。鍋に水、顆粒チキンスープの素、砂糖を入れて強火にかける。沸騰したらしょう油、オイスターソースを加えてひと煮立ちさせる。

❷ 卵は白身がきれるまでよく溶いておく。豚バラ肉は一口大に切って、下茹でしておく。乾燥きくらげは湯で戻して水洗いし、食べやすい大きさにちぎる。玉ねぎは薄切りにする。

❸ フライパンにラードの半量を入れ、強火で熱する。溶き卵を流し入れ、ふんわりかき混ぜる。

❹ 片面に焼き色がついたら裏返し、火を止めて余熱で火を通す。卵が固まりすぎないうちに、皿に取り出しておく。

❺ フライパンに残りのラードを入れて強火にかける。豚バラ肉、きくらげ、玉ねぎを入れて炒め、玉ねぎがしんなりしたら、すりおろしにんにくを加えてさらに炒める。

❻ ❶のタレ100ml、豆板醤を加え、軽く混ぜ合わせる。

❼ ❹をフライパンに戻してさっと炒め、水溶き片栗粉を回し入れる。とろみがついたら、ごま油を加えて香りづけをして完成。

1 2階の「Bar Soar」でも啓ちゃんのオムライスやカレーが食べられる **2** 昼から夜までの通し営業のため、閉店までひっきりなしに客が訪れる。昼飲みを楽しむ地元客の姿も **3** 店主の幸田さん。若者にも気軽に町中華を食べてほしいと、新メニューの開発にも力を入れている

啓ちゃん

東京都杉並区天沼3-31-35
03-3392-0805
11:30〜22:00、土·日曜11:30〜20:00
休 月曜
交 各線荻窪駅より徒歩約7分

大阪

彩花《さいか》

西田辺

無農薬で育てた新鮮野菜の力強い旨味と歯応えに感動

DATA

季節の野菜炒め　1300円

その日に畑で収穫したものや冷凍したウスイエンドウなど、15種以上の野菜を鶏ガラスープで仕上げたシンプルな味わい

あっさり ●──┼──┤ こってり

シンプル ├──┼──● 具だくさん

辛み：なし

「安心安全を広めたい」と無農薬野菜と無添加の味にこだわり、自家農園を耕す店主の土井敏雄さん。修業時代から市販品を使わず料理を作りたいと思い、店を構えてからは無農薬・無添加の食材を仕入れていた。「自分で育てたら安く手に入ると考え農業を始めたら、真逆で経費は増えました。しかしオーガニックが浸透したら食材も安くなるし、人々の意識も変わるはず。自分の勉強にもなるので続けています」

そんな土井さんの真骨頂が味わえるのが季節の野菜炒め。収穫した野菜によるので内容は日々変わるが、美味しく作るコツは「かたい野菜からスープで茹でて、歯応えを調整すること」だとか。濃厚で力強い野菜の味わいにはハッとさせられる。

彩花の「季節の野菜炒め」の作り方

[材料（1人前）]

チンゲンサイ … 1株
ロマネスコ … 40g
ブロッコリー … 40g
カリフラワー（白・黄色）… 各40g
ズッキーニ … 40g
カブ（赤・白）… 各40g
たけのこ … 5g
レンコン … 5g
にんじん … 5g
ヤングコーン … 5g
マッシュルーム … 5g
ウスイエンドウ … 5g
ターツァイ … 1束
白ねぎ（みじん切り）… 1/3本
しょうが（みじん切り）… 1/2かけ
ねぎ油 … 少々
鶏ガラスープ … 大さじ2
水溶き片栗粉 … 大さじ1

A
料理酒 … 少々
塩 … ひとつまみ
こしょう … ひとつまみ
ごま油 … 少々

[作り方]

❶ 具材を食べやすい大きさに切っておく。チンゲンサイは根元に包丁で十字の切り込みを入れる。

❷ 鍋に強火で鶏ガラスープ（分量外）を沸かして、Aを入れる。

❸ まずはロマネスコ、ブロッコリー、カリフラワー、ズッキーニ、カブなどのかたい野菜を❷に入れて茹でる。次にたけのこ、レンコン、にんじん、ヤングコーン、マッシュルーム、最後にチンゲンサイを根元から茹で、ザルにあげる。

❹ フライパンにねぎ油をひき、弱火で白ねぎとしょうがを炒めて香りを引き出す。

❺ ウスイエンドウ、ザルにあげた野菜を入れて強火で炒め、ターツァイを入れてさらに炒める。

❻ 鶏ガラスープ、水溶き片栗粉を入れてとろみが出てきたら完成。

1 前身となる寺田町の店から2006年に移転。あびこ筋の西側を走る静かな通り沿いに佇む　**2** 富田林の自家農園で育てた野菜は生き生きとしている。栽培するのが難しい食材は信頼できる農家を探して全国を回るそう　**3** 四川料理や広東料理を経験し、ホテルや大手飲食チェーンを経て独立した店主の土井さん

彩花

大阪府大阪市阿倍野区阪南町5-9-7
六白ビル1F
☎ 06-6624-1073
🕘 18:00～22:00（LO21:00）、
土曜12:00～14:30（LO13:00）、
17:00～23:00（LO22:00）、
日曜・祝日12:00～14:30（LO13:00）、
17:00～22:00（LO21:00）
休 火曜（祝日の場合は17:00～22:00営業）、第2月曜
交 大阪メトロ御堂筋線西田辺駅より徒歩約3分

名店レシピ

飯・丼の部

時々無性に食べたくなる、ボリューム満点丼メニュー。
王道の中華丼からアレンジ天津飯まで、その日の気分で作ってみて。

DATA

海老の中華丼　1100円

エビをふんだんに使って見た目も豪華。塩味スープで具材の旨味を存分に引き出す。油控えめでヘルシーな一品

あっさり ―― こってり
シンプル ―― 具だくさん
辛み：なし

東京

桂林《けいりん》

錦糸町

プリプリエビの旨味が凝縮　あっさりヘルシーな塩味丼

大きなガラス張りの店内は明るく、スタッフもフレンドリー。女性一人でも入りやすい地元の人気店だ。二代目店主の木下由美さんは、先代から受け継いだメニューも大事にしつつ「新しいメニューも出していきたい」と意欲を見せる。この海老の中華丼も、その一つ。油をほとんど使わずあっさりした塩味でシンプルに旨い。スープにしみ出たエビや野菜の旨味をご飯と一緒に余すことなく味わえる。ポイントはとろみをつけすぎないこと。レシピでは家庭向けにスープの材料をアレンジしているが、店ではモミジ（鶏の足）やゲンコツ（豚の大腿骨）、各種野菜を3時間煮出したものを使っている。家で作ってその美味しさを堪能したら、今度はこちらで食べ比べするのも楽しいだろう。

桂林の「海老の中華丼」の作り方

[材料（1人前）]

エビ … 10尾（店ではバナメイエビを使用）
白菜 … 100g
たけのこ水煮 … 30g
ナルト … 30g
にんじん … 20g
きくらげ（戻したもの）… 20g
うずらの卵（水煮）… 1個
ご飯 … 250g
こしょう・水溶き片栗粉・ごま油 … 各適量

A（エビの下味用）
卵白 … 1個分
塩 … ひとつまみ
旨味調味料 … ひとつまみ
片栗粉 … 適量
サラダ油 … 少量

B（スープ）
水 … 200ml
鶏ガラスープの素（顆粒）… 小さじ1

C（塩ダレ）
塩 … 5g
旨味調味料 … 3g

[作り方]

❶ エビは殻をむき、背わたを取る。Aをまぶして揉み込んだ後、さっと茹でておく。

❷ にんじんは皮をむいて短冊切りにする。たけのこ、ナルトは薄切りに、白菜、きくらげは食べやすい大きさに切る。

❸ 鍋にBとC、❶❷、うずらの卵を入れ、中火にかける。

❹ スープが煮立ったら野菜が柔らかくなるまで2〜3分煮て、こしょうを加える（写真a）。

❺ 水溶き片栗粉を回し入れてとろみをつけ、ごま油を加えて香りを出す（写真b）。

❻ 器にご飯を盛り、❺をかけたら完成。

a

b

❶閉店まで通し営業なのでランチ、昼飲み、夕食など好きな時間にすぐ行けるのが便利　❷厨房ではスタッフが手際よく料理を作る。餃子でもチャーハンでもハズレなしの旨さ　❸壁に並ぶメニューは100種類近くある中のほんの一部。迷ったらおすすめを聞こう

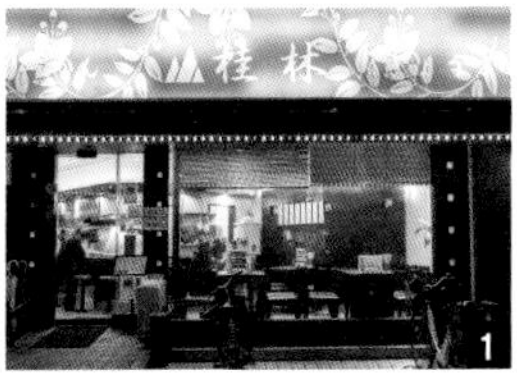

桂林

東京都墨田区太平4-2-1
☎ 03-3624-6956
🕘 11:00〜翌3:00（LO翌2:30）
㊡ 火曜
㊫ 各線錦糸町駅より徒歩約6分

DATA

八戒丼（スープ付）1050円

ほどよいピリッと感の自家製ラー油が食欲をそそる。大中小から選べるが、中サイズでもなかなかのボリューム

あっさり ━●━ こってり
シンプル ●━━ 具だくさん
辛み：ピリ辛

大阪

大衆中遊華食堂《たいしゅうちゅうかしょくどう》 八戒《はっかい》

河内永和

まかないメニューから派生した豚骨ベースのアレンジ天津飯

20歳で独立して以来、40年以上中華料理一筋のオーナーシェフが営む八戒。まかないから生まれた八戒丼は、ご飯にふわとろ卵とエビ天をたっぷりとのせて豚骨味の餡をかけたアレンジ天津飯。しっかり濃厚な味わいながら、やさしさも感じられる逸品だ。エビ天のカリッとした食感が楽しめるように餡は卵をのせたあと、エビ天をのせたあとの二度に分けてかける細かなこだわりもあり、長年愛されているのもうなずける。

ほかにも中国とインドのスパイスを融合させた中華料理店ならではのスパイスカレーが昼夜問わず大人気（→P97）。夜限定で奥様の出身地・北海道から直送される生ラム肉のジンギスカンも用意され、何度訪れても新しい美味しさに出合える店だ。

大衆中遊華食堂 八戒の「八戒丼」の作り方

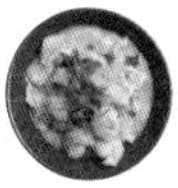

[材料（1人前）]

ご飯 … 丼1杯分（茶碗約1.5杯分）
溶き卵 … 3個分
サラダ油 … 大さじ3

●エビ天
小エビ … 12〜13尾（約100g）

A 塩、こしょう … 各少々
ごま油 … 少々

B 溶き卵 … 適量（エビがひたひたに浸かる量）
片栗粉 … 小さじ1
小麦粉 … 小さじ1

●餡
C 鶏ガラスープ … 300ml
白湯スープの素 … 大さじ2
砂糖 … 小さじ1
帆立パウダー（コンソメスープの素でも可）… 少々
こしょう … 少々
にんにく・しょうが（チューブ）… 各少々

片栗粉 … 大さじ1
水 … 大さじ2
溶き卵 … 1個分

●仕上げ
白ねぎ … 少々
ラー油 … 小さじ1
ごま油 … 少々
鶏油（お好みで）…少々
パクチー（三つ葉でも可）… 適量

[作り方]

1. エビ天を作る。エビは背わたを取って塩（分量外）、片栗粉（分量外）を揉み込み、水洗いしてAで下味をつける。Bを加えて混ぜ、175度の揚げ油（分量外）でさっくりと揚げる。
2. サラダ油をフライパンに入れて強火にかける。溶き卵を加えて大きく混ぜながら焼く。火が入ったらひっくり返して裏面も焼き、丼に盛ったご飯の上にのせる。
3. 餡を作る。鍋にCを入れて中火にかけ、沸騰したら水で溶いた片栗粉を加える。とろみがついたら溶き卵を加えてひと煮立ちさせる。
4. ❷の上に餡の半量、エビ天、刻んだ白ねぎの順でのせたあと、残りの餡をかける。
5. 全体にラー油、ごま油、鶏油を回しかけ、パクチーを飾れば完成。

1 清潔感のある広々とした店内。奥には半個室のテーブル席も完備。ワインの品揃えも豊富　2「卵は多めの油を吸わせるようにして焼くとふわふわに仕上がります」とオーナーシェフの末広さん　3 2021年11月にこの地に移転。内観、外観ともに、おしゃれな雰囲気にリニューアル

大衆中遊華食堂 八戒

大阪府東大阪市長栄寺6-11
☎ 06-6781-8807
🕘 12:00〜14:00頃（LO13:45）、18:00〜21:00頃（LO20:45）
㊡ 月・火曜
㊇ 近鉄奈良線河内永和駅より徒歩約3分

東京

秀永《しゅうえい》

高田馬場

学生街の名物料理
ご飯がすすむ甘辛めし

DATA

ほんこん飯　900円

野菜はスプーンで食べやすいように小さめにカット。豆板醤がピリッと効いた濃いめの味付けにご飯がすすむ

あっさり ├─┼─● こってり
シンプル ├─●─┤ 具だくさん
辛み：ピリ辛

学生の街・高田馬場で長年愛される中華料理店がある。叔父が創業したこの店の味を守るため、約30年前に二代目の荒谷稔さんが引き継いだ。秀永の料理はいわゆる本格中華ではなく、日本人になじみのあるほっとする味わいの中華。飯類に中華スープではなく味噌汁が付くのも、日本式中華を目指す秀永ならではだ。

訪れるお客がこぞって注文するのが名物のほんこん飯。香港ではタクシー飯とも呼ばれ、忙しい運転手がさっと食べられるようにご飯の上に回鍋肉をのせたもの。シャキシャキとした野菜の歯応えが心地よく、自家製の甜麺醤を使った甘辛い味付けがご飯によく合う。当初は聞きなじみのない料理名に珍しがられたが、今ではすっかりこの町の味として定着している。

秀永の「ほんこん飯」の作り方

[材料（1人前）]

ご飯 … 200g
豚こま切れ肉 … 150g
白菜 … 50g
キャベツ … 50g
小松菜（またはほうれん草）… 適量
卵 … 1個
にんにく … 1片
豆板醤 … 小さじ1
酒 … 大さじ1/2
しょう油 … 大さじ1
砂糖 … 大さじ1
旨味調味料 … 少々
甜麺醤 … 大さじ1
片栗粉 … 小さじ1
水 … 小さじ2
ごま油 … 大さじ1
サラダ油 … 適量

[作り方]

❶ にんにくは薄切りにする。豚こま切れ肉、白菜、キャベツ、小松菜は小さめの一口大に切る。片栗粉は水で溶いておく。

❷ フライパンに多めのサラダ油を入れて中火にかける。豚こま切れ肉を入れ、色が変わったら白菜、キャベツを入れてさっと油通しをし、ザルにあげて油を切る。

❸ フライパンの余分な油を拭き取って中火にかけ、にんにく、豆板醤を入れて炒める。にんにくの香りが立ったら❷を加え、野菜がしんなりしたら、酒、しょう油、砂糖、旨味調味料を加えて炒め合わせる。

❹ 小松菜、甜麺醤を加えて強火で炒める。水溶き片栗粉を加えてとろみをつけ、ごま油を鍋肌から回し入れる。

❺ 別のフライパンにサラダ油を入れて中火にかける。卵を割り入れて蓋をし、目玉焼きを作る。

❻ 器にご飯、❹を盛り、目玉焼きをのせたら完成。

1お昼時は近所の学生やサラリーマンたちでいっぱいに。「バッコチーハン（とりめし）」も人気　2つまみや酒も充実していて、夜は晩酌を楽しむ人の姿も　3手際よく鍋を振るう店主の荒谷さん。そのやさしい人柄とお客への気遣いも愛され続ける理由だ

秀永

東京都新宿区高田馬場2-8-5
☎ 03-3208-6258
🕘 11:30〜15:00（LO14:45）、17:00〜22:00（LO21:45）
㊡ 日曜
㊇ 各線高田馬場駅より徒歩約6分

DATA

天津飯　600円

スープ付き。鶏×豚スープをベースにしたたっぷりのしょう油餡、卵3個を使用したボリューム感にも満足できる

あっさり ―●― こってり

シンプル ●―― 具だくさん

辛み：なし

大阪

十八番《じゅうはちばん》 本店《ほんてん》

天神橋筋六丁目

驚異的な品数とコスパで街を元気にする中華食堂

早朝4時59分の開店と同時に満席になる店内。お客の目当ては、300円から揃う朝食セットだ。具だくさんなとん汁が主役の和定食をはじめ、〝朝丼〟と呼ばれる鰹出汁の和風天津飯まで、朝の胃袋と財布にやさしいメニューがこの町の朝を支えている。11時からは同店の名物である70種を超えるお得な〝番号定食〟を求めて怒涛のランチタイムへ。定食以外にも麺類と飯類のミニセットは80種以上。オプションを変更するとその組み合わせは無限大となる。

朝食や定食で大人気の天津飯は、旨味たっぷりのしょう油餡に小エビの天ぷらが3つ添えられ、食べ応え満点。オーナーのこだわりが詰まった逸品に「早い・安い・旨い」を体現した町中華の魅力が凝縮されている。

十八番 本店の「天津飯」の作り方

[材料（1人前）]

ご飯 … 120g
卵 … 3個
ねぎ（小口切り）… 少々
油 … 大さじ2
片栗粉 … 大さじ2
水またはお湯 … 300ml
鶏ガラスープの素（好みの中華だしで可）… 小さじ2
小エビの天ぷら … 3つ
ごま油またはねぎ油（お好みで）… 少々

A
オイスターソース … 小さじ1
しょう油 … 大さじ2と1/2
砂糖 … 小さじ1
料理酒 … 大さじ1と1/2
旨味調味料 … 小さじ1
こしょう … ひと振り

[作り方]

❶ 鍋に水またはお湯と鶏ガラスープの素でスープを作る。

❷ ❶にAを入れて沸騰させ、アクを取る。

❸ 火を止めて水（分量外）で溶いた片栗粉を入れ、とろみがついたら、再び沸騰させれば餡が完成。仕上げにお好みでごま油またはねぎ油を加える。餡に小エビの天ぷらを浸しておく。

❹ フライパンを中火で熱して、油をひき、温まったら溶いた卵を流し入れる。

❺ 卵を少しずつ中心に集めるようにお玉とフライパンを動かして厚みを出す。卵をふわふわにするためには、油の量と火加減（中火以下）がポイント。

❻ 器に盛ったご飯に卵をのせて、餡（小エビの天ぷら入り）をかける。

❼ 中心にねぎを盛り付けたら完成。

2

❶1973年創業。約50年間にわたり、町の胃袋を支え続けてきた　❷店内は一人席がメイン。一日中お客が途絶えることはない　❸厨房の職人とホールスタッフの息の合った連携プレイで次々と料理が届けられる。1個から注文できる唐揚げなど小皿メニューも充実

3

1

十八番 本店

大阪府大阪市北区天神橋7-2-13
☎ 06-6353-3686
🕘 4:59〜24:01（LO23:45）
㊡ 無休
㊯ 大阪メトロ各線天神橋筋六丁目駅より徒歩すぐ

東京・大阪
町中華の名店ガイド

どこか懐かしい佇まいと、いつまでも変わらぬ味。
東京・大阪で長きにわたって愛され続ける
町中華の名店をジャンルごとにご紹介。

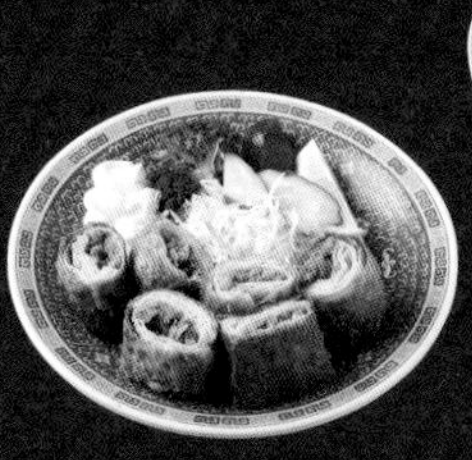

東京・大阪
町中華の名店ガイド

チャーハン

チャーハン①

東京
大井町

丸吉飯店《まるきちはんてん》

五目炒飯　950円
カニの身の塩味とメンマのシャキシャキ食感がシンプルなチャーハンの旨味を引き立てる。コーンの甘みが隠し味

贅沢な具材が食べ応え抜群
老舗中華食堂の名物

チャーハンと餃子が旨いと評判の丸吉飯店は１９８３年創業。店内の雰囲気は昔ながらの中華食堂。日夜問わず常連客を中心に賑わう。一番人気の五目炒飯は、チャーシュー、ねぎ、卵、コーン入りでシンプルな味付けのしっとり系ご飯の上に、メンマ、カニ、エビ、うずらの卵が品よく盛られ、見た目も味も◎。モチモチで具材たっぷりの王道餃子はビールにもご飯にもよく合う。

餃子　500円
野菜たっぷりの餡が詰まった大きめ餃子。特製のラー油をつけて味変を楽しむのもおすすめ

東京都品川区大井1-50-14
☎ 03-3776-5730
🕘 11:00〜21:00(LO20:30)、土曜・祝日11:00〜20:30(LO20:00)
㊡ 日曜
㊇ 各線大井町駅より徒歩約2分

2

1

1 1階と2階の店内はいつも満席。お一人様もグループもまったりくつろげる　**2** 駅からすぐ。少し色あせた赤い屋根が昭和の雰囲気を醸し出し、懐かしい店構えが趣深い

チャーハン②

大阪
九条

吉林菜館《きつりんさいかん》

二代目と家族で守る大阪下町中華の味

1955年に中国・吉林省出身の初代がこの地に店をオープン。現在は、調理を担当する二代目と84歳にして現役の女将さんを中心に、家族経営で店を切り盛りする。エビやジャコの乾物を特製XO醤で和えてご飯にのせたXO丼や全国発送もする水餃子など名物多数。アットホームな接客と自家製にこだわる信頼の味がファンを増やし続けている。

■1「昔はラーメン50円だったのよ」と女将さん。最近は物価高騰で値上げを余儀なくされたが、メニューはほとんどそのまま　■2戦前にあった中華街の名残を今に伝える貴重な店

大阪府大阪市西区千代崎2-7-12
☎ 06-6582-4661
🕘 11:30〜14:30、17:00〜22:00、月曜11:30〜13:30、金曜17:00〜22:00
㊡ 水曜　㊦ 各線九条駅より徒歩約5分

XO豆腐　450円
XO丼の具を冷奴にオン。常連客の要望で生まれたスピードメニューはお酒のアテにぴったり

炒飯　750円
スープ付き。具だくさんかつ茶碗2杯分ほどのボリュームも圧巻。グリーンピース抜きや薄味などのリクエストにも対応

カニ肉入りあんかけやきめし　1200円

ボイルしたカニ身、焼き豚やミンチ肉、レタスなどを炒め、鶏ガラスープで味付けした卵白入りの餡をたっぷりと

チャーハン③

大阪

桜川

なんやかんや

ハチノス炒め　1200円

プリプリのハチノス、10種類以上の素揚げした野菜をシンプルに味付け。パクチー（無料）をお好みで

なんやかんやで通ってしまう 本格派だけど町になじんだ味

ラーメンと餃子専門店としてスタートしたが、常連客からの要望で広東料理を中心としたメニューも仲間入り。〝野菜がたくさん食べられる中華〟はどれもあっさりとやさしい味付けでボリュームも満点。「やきめしが一番難しい」という二代目店主が作る、あんかけやきめしももちろん具だくさん。旨味たっぷりの餡が絡み、最後まで熱々でいただけるのもうれしい。

大阪府大阪市浪速区幸町2-2-28

☎ 06-6567-0391

🕘 17:00〜23:00(LO22:30)

㊡ 水曜（祝日の場合は翌日）

㊋ 各線桜川駅より徒歩約5分

1 二代目店主は2021年に店を継いだばかり。初代の父は大阪で数多くの店に弟子を持つ「ひろや」の創業者　2 店内はカウンターのみ。王道メニューはもちろん、中華粥や餃子の種類も豊富

チャーハン④

東京 大山

丸鶴《まるつる》

海老チャーハン　950円
塩こしょうが効いたしっとりふわふわチャーハンの中に大きめチャーシューがゴロゴロ。エビの食感も絶妙だ

地元に愛され続ける5種類の絶品チャーハン

創業55年以上、行列が途絶えない名店には全国からファンが足を運ぶ。5種類あるチャーハンの中でも、海老チャーハンはリピーター続出。特製ダレがジューシーなチャーシューがゴロゴロ入ったご飯の上に、プリプリエビがこんもり。店主の岡山さんの笑顔と華麗な鍋さばきをカウンター越しに楽しみながらの一品は、クセになること間違いなし。

1 一人でも入りやすい明るい店内。奥には宴会もできる広々としたテーブル席もあり　2 真っ赤なテントが目印で、店の前には常に行列ができている。50年以上通う常連客もいるそう

東京都板橋区大山西町2-2
☎ 03-3955-2209
㋪ 月・火・木曜11:00～15:00、水・金・土曜11:00～15:00、17:00～22:00
㊡ 日曜
㋮ 東武東上線大山駅より徒歩約6分

変わらぬ味を提供し続けるオフィス街の「ザ・町中華」

チャーハン⑤

大阪 北浜

中国料理 龍門《ちゅうごくりょうり りゅうもん》

天津カレー炒飯　830円
卵は贅沢に3個使用。カレー粉たっぷりのピリッと刺激的なチャーハンと、卵のふわとろ食感にスプーンが止まらない！

創業44年。近隣で働くサラリーマンはもちろん、ＳＮＳを見た学生やカップルなど幅広い客層から支持されている。お客からのリクエストで生まれたという天津カレー炒飯は昼夜問わず人気のメニュー。卵の食感を味わってほしいため、お持ち帰りは受けないという徹底ぶりだ。その他具だくさんがうれしいチャンポン７７０円もおすすめ(昼のみ提供)。

大阪府大阪市中央区伏見町2-2-6 青山ビル B1F
☎ 06-6203-7870
㋪ 11:00～13:30LO、17:30～21:00（LO20:15）
㊡ 土・日曜・祝日
㋮ 各線北浜駅より徒歩約4分

1 細い階段を降りると、回転テーブルから座敷まで備える広々とした空間が広がる　2 ツタに覆われたレトロな外観の国登録有形文化財・青山ビルの地下1階に位置する

麻婆豆腐①

大阪 天満

中国料理《ちゅうごくりょうり》 紫微星《しびせい》

麻婆豆腐　900円
四川から取り寄せている豆板醤、花椒を使用。後から来るヒリヒリとしたシビ辛感がクセになる

口水鶏（よだれ鶏）1380円
厚めにカットした蒸し鶏に、豆板醤・花椒・黒酢を合わせた麻辣ソースをかけた絶品冷菜

家庭的な雰囲気漂う空間で 本物の味を気軽に堪能

ホテルオークラ上海をはじめ、国内外の一流ホテルでシェフを務めた店主が約17年前に独立。本場・四川を思わせる麻婆豆腐を筆頭に、やさしい味わいのトマトと卵の炒め物や上海名物の豚のスペアリブ黒酢煮込みなど、伝統料理から家庭料理まで幅広いメニューが揃う。杏の種子から手作りしている正式杏仁豆腐は、麻婆豆腐で痺れた後にぜひ食べてほしい。

大阪府大阪市北区天神橋4-12-27
☎ 06-6358-7808
🕘 11:00～15:30（LO14:30）、17:00～22:00（LO21:30）
㊡ 不定休
㊦ JR大阪環状線天満駅より徒歩すぐ

1 1階にはカウンターとテーブル席、2階には団体客もOKの広々としたテーブル席を完備
2 天満駅を北側に出てすぐの好立地。お酒を飲むお客も多く、おつまみ的メニュー豊富

麻婆豆腐②

東京 芝蘭 板橋本店

地下鉄赤塚　ちいらん いたばしほんてん

東京都板橋区赤塚新町3-3-20
03-3939-4465
11:00〜15:00（LO14:30）、17:00〜22:00（LO21:30）
休 月曜
交 東京メトロ各線地下鉄赤塚駅より徒歩約3分

1落ち着いた雰囲気の店内。紹興酒の大きな甕《かめ》や装飾が、本場中国の文化を感じさせる　2テレビや雑誌などメディアにも登場する、板橋屈指の有名店。川越街道脇の路地に佇む

汁なし担々麺　1000円
白く繊細な無かん水麺に、自家製ラー油とごまの風味が効いた旨辛の特製ダレがよく絡む

四代目店主が腕を振るう 珠玉の四川麻婆豆腐

地元客御用達の隠れ家中華・芝蘭は四川麻婆豆腐が看板メニューの一つだ。こだわりの豆板醤と山椒は、辛みと痺れが絶妙のバランス。豆腐は茹でず、艶やかな唐辛子油でじっくり煮込んだクリーミーな食感がやみつきに。豚ひき肉と刻みねぎもたっぷり入り大満足の一品。旬の食材を使った創作中華も大人気だ。この道一筋で腕を磨いてきた鉄人の逸品を堪能しよう。

麻婆豆腐　1200円
2種類使用する自家製豆板醤が辛みの要に。香り高い山椒とブレンドすることで、独特のコクを引き出す

麻婆豆腐③

東京

銀座

東生園《とうせいえん》

後引く辛さがやみつきに!
味の決め手は中国産調味料

素材にこだわった北京料理を味わえる銀座の町中華の名店。創業は１９６５年。現在は中国出身の三代目シェフが調理を担当し、本場と同じ味を提供している。名物メニューの麻婆豆腐に使用している豆板醤や花椒などの調味料はすべて中国産。後を引くピリッとした辛さが特長だ。一度食べるとやみつきになる味で、リピートするお客も多い。

麻婆豆腐　1500円

彩りと食感のアクセントとして枝豆が入っているのがユニーク。2～4人サイズの中皿も2000円で提供している

1 店内は貸し切りにも対応。厳選された紹興酒とともに自慢の料理を楽しめる　2 銀座の路地を入った泰明通りにあるお店。周辺は昔ながらのレトロな雰囲気が残っている

東京都中央区銀座6-2-7　☎ 03-3571-2672
⏲ 11:00～15:00、17:00～翌2:00
㊡ 土・日曜・祝日　㊮ 東京メトロ各線銀座駅より徒歩約3分

ご飯のおかわり必至の
本格四川麻婆豆腐

麻婆豆腐④

大阪

近鉄八尾

中華厨房《ちゅうかちゅうぼう》 もりもと《もりもと》

麻婆豆腐ランチ
(ご飯、サラダ、漬物、スープ付き)　890円

コクのある豆板醤と爽やかさも感じる中国産の山椒が合わさり食欲増進。これ目当てに訪れる人が多いのも納得

名門ホテルの北京料理店でシェフを務めた店主が、本格中華を気軽に味わってほしいと地元で開業。並んでも食べたい麻婆豆腐には、3年以上熟成させた煮込みに適した豆板醤を使用。砂糖を使わず甘酒で甘みを出すなど、こだわりの調味料と技をちりばめた本場さながらの味でご飯がすすむ。ホテル時代の味を再現したエビのピリ辛ランチもぜひ。

1 女性が入りやすい店づくりを心がけているという、清潔感のある明るい店内　2 西出口からなら徒歩約1分で到着。駅を出るとすぐに年季の入った赤い看板が目に入る

大阪府八尾市北本町2-4-2
☎ 072-992-9887
⏲ 11:30～14:00、
17:30～22:00(LO21:30)
㊡ 月・火曜(祝日の場合も休み)
㊮ 近鉄大阪線近鉄八尾駅より徒歩約3分

麻婆豆腐⑤

大阪

大阪天満宮

中国酒家《ちゅうごくしゅか》 福龍園《ふくりゅうえん》

超級四川麻婆豆腐 1100円

食べる前から花椒に鼻腔を占拠され、食欲をそそられる。豆腐の舌触りのよさや崩し具合へのこだわりもさすが

大阪府大阪市北区天満4-16-8 ハイツ天満宮 1F

☎ 06-6353-7224

🕘 11:30～14:00LO、18:00～22:00（LO21:30）

㊡ 日曜・祝日 ㊋ JR東西線大阪天満宮駅より徒歩約5分

これぞ四川の麻婆豆腐！ 強烈なシビ辛と旨さに脱帽

四川料理の父・陳建民氏の孫弟子にあたる店主が営む。長年の経験と創意工夫が詰まった麻婆豆腐は四川の業者から仕入れる花椒の痺れと、豆板醤や自家製ラー油の辛さのバランスが絶妙。汗をかきながらも辛いより「旨い」が上回る味わいで、口の肥えた著名人が足しげく通うのも納得だ。ご飯に合う味に仕上げた昼版・超級四川麻婆豆腐定食1100円も必食。

1 こぢんまりとしたアットホームな雰囲気の店内。黒板にはぎっしりと夜のメニューが書かれている **2** 大阪天満宮の裏手にある静かな通りの一角に位置する。昭和感漂う雰囲気も魅力の一つ

"飯盗"確定！ ひき肉の旨味×オンリーワンの辛みに感動

横浜中華街の四川料理の名店で修業した店主が2006年に独立し、本場の味を日本人好みにアレンジして提供。大人気の麻婆豆腐は、まろやかでコクのある四川の豆板醤と辛みの強い日本の豆板醤を独自の配合で併用。ご飯との相性は抜群で、あまりの旨さに夢中で食べすすめてしまい、気が付くと心地よい汗が滲み出ている。プラス料金で辛さアップも可能。

麻婆豆腐⑥

大阪

正雀

中国料理《ちゅうごくりょうり》 四川屋《しせんや》 一創《いぞう》

四川麻婆豆腐 1200円

たっぷり3人前！ ひき肉のボリュームに圧倒されるが下に隠れた豆腐も大きめ。どこをとっても食べ応えあり

1 イエローグリーンの明るい壁が印象的な店内は女性一人でも気軽に入りやすい雰囲気 **2** 駅近でありながら喧騒を感じさせない静かな通り沿いマンションの1階に位置

大阪府摂津市正雀本町1-36-7

☎ 06-6317-5887

🕘 11:30～14:00LO、17:00～22:00（LO21:30）

㊡ 火曜

㊋ 阪急京都線正雀駅より徒歩約3分

餃子①

東京 餃子の店《ぎょうざのみせ》 您好《にいはお》

幡ヶ谷

水餃子　1100円
小麦の香りが感じられる厚めの皮に、存在感のある具材がぎっしり。両面をカリッと焼いた焼餃子は1100円

素材の旨味を味わう 昔ながらの手作り餃子

餃子の名店と聞いてこの店の名前を挙げる人は多いはず。もっちりとした皮からあふれ出す力強い肉餡は、一般的な餃子とは一線を画す味わい。旨さの秘訣は手間暇を惜しまない昔ながらの調理法。皮は一晩かけて熟成させ、餡は塊肉を包丁で刻み、ラードは上質な豚の背脂から手作り。そして注文が入ってから一つひとつ手包みする。ミシュランガイド常連というのも納得だ。

アスパラと干貝柱のあんかけ　1600円
干貝柱の旨味を閉じ込めたやさしい餡が、アスパラの甘みと食感を引き立てる

東京都渋谷区西原2-27-4 2F
03-3465-0747
17:00〜22:00（LO21:30）
㊡ 月・日曜
㊋ 京王新線幡ヶ谷駅より徒歩約3分

1 餃子は作り置きせず注文が入ってから丁寧に包む。水・焼・揚の調理法に合わせて包み方も変えている　2 平日でも常に満席の人気店。来店の際は1カ月前からの予約がおすすめ

餃子②

大阪 花園町 中華料理《ちゅうかりょうり》 ぎょうざや《ぎょうざや》

1 小上がりの座敷もあり、ついつい長居してしまうアットホームな雰囲気 2 路地の一角にある、昔ながらの黄色のテントと朱色の暖簾が目印。近くに駐車場も完備

大阪府大阪市西成区鶴見橋3-7-21
☎ 06-6561-8576
営 11:00〜14:30LO、16:00〜20:00LO
休 火曜、第3月曜（祝日の場合は翌平日に振替）
交 大阪メトロ四つ橋線花園町駅より徒歩約13分

しょうがたっぷりで胃にやさしい 何個でもいけるジューシー餃子

2023年3月に50周年を迎える老舗中華料理店。看板メニューの焼ぎょうざはキャベツの甘みを生かすため、水分は絞らずに包むという店主のお母さんの熟練の技が光る逸品。「具をしっかり食べてほしい」と小ぶりながら具はみっちりで、ニラぎょうざ440円など変わりダネもある。生レバーから作ることで甘みが違うレバニラ炒めなど、餃子以外のメニューも充実。

鶏から揚げ（7個）990円
1個が鶏モモ肉1/4枚分という圧巻の大きさ。たっぷりの油で揚げ、冷めてもサックサク

焼ぎょうざ（6個）360円
※写真は2人前
精肉店から毎日使う分だけ取り寄せる新鮮なミンチを使用。薄くて伸びのある皮も製麺所に別注している

餃子③

東京
乃木坂

赤坂 珉珉《あかさか みんみん》

酢とこしょうで食べる 路地裏の名物餃子

焼餃子　660円
よく伸びる皮で餡を包んだら、一度凍らせて味をなじませる。こしょうは酢が隠れるくらいたっぷりと

皮からはみ出るほど餡が詰まった餃子は、一口食べるとあふれ出る肉汁の多さに驚く。下味がしっかり付いているのでそのままでも十分旨いが、たっぷりの酢とこしょうで食べるのが〝珉珉流〟。酢の酸味が油分を和らげ、こしょうが肉の旨味を引き立たせる。酢こしょうスタイルの発祥ともいわれる、刺激的で爽やかな酸味をぜひ一度味わってほしい。

2

1

1カウンター上のメニューに歴史を感じる。店内奥には座敷があり、家族連れの姿も **2**店頭の自動販売機では、店内で食べる餃子とはひと味違う、うす皮一口ぎょうざが購入できる

東京都港区赤坂8-7-4
03-3408-4805
11:30～14:00（LO13:55）、17:30～22:30（LO21:00）
㊡ 日曜・祝日
㊦ 東京メトロ千代田線乃木坂駅、各線青山一丁目駅より徒歩約10分

決め手は漢方薬と香辛料 体にやさしい薬膳餃子

餃子④

東京
三鷹

餃子のハルピン《ぎょうざのはるぴん》

ニラ餃子　620円
皮は1日寝かせることでコシのあるモチモチとした食感に。小籠包のように飛び出す肉汁をしっかり閉じ込める

中国生まれの店主が、本場の味を伝えようと試行錯誤してたどり着いたのは、食べて健康になれる薬膳効果のある餃子。厳選した約10種類の漢方薬と八角や山椒などの香辛料の香りが、口に入れた瞬間に広がる独特の味わいを生み出している。素材の旨味を生かすため、にんにくとキャベツは入れないのが流儀。まずは何もつけずに餃子本来の味を味わって。

東京都三鷹市下連雀3-31-8
0422-42-8030
11:30～14:00（LO13:30）、17:00～21:00（LO20:30）
㊡ 火・水曜
㊦ JR中央線三鷹駅より徒歩約7分

2

1

1明るくモダンな雰囲気で女性の一人客も多い。数年前から娘の理沙さんに調理を任せ、店主は工房で餃子作りに専念。その数一日1000個以上！ **2**餃子は全国配送もできる。注文は4人前から

餃子⑤

大阪 住道

丸正餃子店 本店《まるしょうぎょうざてん ほんてん》

焼餃子 1人前 380円
（写真は2人前）
餃子は予約時に食べる分を注文、来店後の追加は基本不可。一人で5〜6人前食べるお客が多いのだとか

大阪らしい一口餃子を食べるならここで間違いなし

完全予約制でメニューは焼餃子と瓶ビールのみ。制約は多いがその味のよさから半世紀近く客足の絶えない、職人による手作り餃子専門店。看板の餃子は、極薄生地ながらパリッとモチモチの両方を楽しめる皮の絶妙な焼き具合が見事。しょうがとにんにくが効いた白菜ベースの具材も皮とよくマッチしていて、箸が止まらなくなる美味しさだ。ビールもよくすすむ！

1真っ赤なカウンターが印象的。昭和感が昔から変わらない焼餃子をさらに美味しくする 2焼餃子のお持ち帰り1人前380円〜、冷凍餃子1箱（3人前）1170円〜の販売もあり

大阪府大東市山住町1-35
☎ 072-872-0776
🕘 16:00〜24:00
※当日15:00〜の予約制。売り切れ次第終了。
休 水曜
交 JR学研都市線住道駅より徒歩約8分

愛され続けて約50年 旨さを引き出す絶妙な焼き加減

餃子⑥

大阪 蛍池

かどや飯店《かどやはんてん》

焼餃子　1人前300円
（写真は2人前）
一口サイズの餃子は表面はカリッサクッと焼き上げられ、噛むと口の中で肉の旨味とにんにくの風味が広がる

ご近所さんはもちろん、長距離ドライバー、大阪国際空港のスタッフなどに愛されて50年以上。遠方から食べに来るお客も多いという餃子は、「皮と焼き方が命」とご主人。皮の厚みなどを細かく業者にオーダーして、もちっとした食感をキープ。皮や具の野菜などの状態を見て火加減や水の量、焼き時間を調整して、カリッとした美しい焼き目を入れる。

大阪府池田市空港1-5-26
☎ 06-6853-8320
🕘 18:00〜翌1:00LO
休 日曜
交 阪急宝塚線蛍池駅より徒歩約12分

1カウンターやテーブルに加え座敷もある。入店時に「餃子いくつ?」と聞かれるのであらかじめ決めておこう 2大阪国際空港から徒歩10分程度、池田ICのすぐそばに立地

東京・大阪
町中華の名店ガイド
炒め・揚げ料理

炒め・揚げ料理①

東京

福来軒《ふくらいけん》

稲荷町

回鍋肉定食　1050円

皿からあふれんばかりのボリューム。自家製甜麺醤のコクのある味わいに、にんにくのパンチが効いている

一度食べたら忘れられない
本格志向の回鍋肉

東京の回鍋肉を語るならこの店は外せない。厚切りの豚バラ肉と歯応えのよいキャベツ、それらをまとめるこっくりと甘辛い味噌ダレに、ご飯をかき込む手が止まらなくなる。具材は豚肉とキャベツのみといたってシンプル。それでも多くの人を惹きつけるのは、自家製へのこだわりと丁寧な仕込みから。シンプルゆえに店主の真摯な仕事ぶりが際立つ一皿だ。

ネギそば　1050円

自家製ラー油で和えたねぎとチャーシューがたっぷり。シャキシャキ食感がクセになる。春冬限定メニュー

東京都台東区松が谷1-4-5
☎ 03-3841-3118
🕘 11:30～14:00、18:00～20:00
※夜営業は月・水・金曜のみ
㊡ 土・日曜・祝日
㊋ 東京メトロ銀座線稲荷町駅より徒歩約3分

1 キャベツはえぐみが出ないように丁寧に芯を取ってから油通し。豚肉は濃いめの味付けにも負けない特注の厚切り　2 創業80年以上。三代目店主の似顔絵が目印になっている

炒め・揚げ料理②

大阪 江坂

またきてや

甘辛ソースで白飯がすすむ 名物エビチリは必食

「おつりを渡すのが面倒やから」とランチタイムは昔から税抜価格。怒涛の3回転で店を回すパワフルな中華食堂は、お手頃価格と満足度の高いボリューム感で、江坂界隈のサラリーマンをはじめ、幅広い年齢層の人々から支持を得ている。じわじわ来る辛さと弾ける大エビの弾力がたまらない名物エビチリソース煮は、ソースだけでご飯をおかわりしたくなる美味しさ。

1 お一人様が利用しやすいカウンターのほかにテーブル席もあり
2 江坂駅1出口すぐ。14時以降はドリンク+1品のほろよいセット726円でサクッと一杯も大歓迎

大阪府吹田市江坂町1-13-28 ホテルパークサイド1F
06-6369-0333
11:00〜24:30LO
休 日曜
交 各線江坂駅より徒歩約2分

豚テキ　800円（14時以降880円）
定食はご飯、スープ付きで800円（14時以降880円）。歯応えを残した玉ねぎと甘めのタレがクセになる

名物エビチリソース煮　1000円（14時以降1100円）
定食（エビ6個）はご飯、スープ、サラダ付きで880円（14時以降968円）。エビの丁寧な下ごしらえが旨さに結実

炒め・揚げ料理③

東京 広尾

鶏龍軒《けいりゅうけん》

ニラレバ　850円
大ぶりレバーに野菜もたっぷり。定食1050円はご飯に味噌汁、デザート（ランチのみ）などが付く

セレブな街で愛される素材の味を生かしたニラレバ

瀟洒な店舗が並び、外国人の姿も多く見られる広尾で、70年以上愛されてきた老舗。「油は少なめに」など客の希望には可能な限り応じるという店主が手がける料理は〝何を食べても旨い〟と評判。絶妙な火入れで仕上げるニラレバは臭みがなく、柔らかなレバーが口の中で踊る。素材の味を生かした塩味ベースの上品な味付けで、ペロリといただける逸品だ。

1 アットホームな内装はファミリーにも好評。小上がりもあり小グループの宴会もできる　2 場所は天現寺橋交差点のほど近く。ひときわ鮮やかな赤い壁とアーチ形の入り口が目印

東京都港区南麻布4-2-38 佑浩寺ビルB-101
☎ 03-3443-6327
🕘 11:00～15:00（LO14:30）、17:30～21:30（LO21:00）
休 土・日曜・祝日　交 東京メトロ日比谷線広尾駅より徒歩約8分

伝統を守り進化し続ける他にはない絶品ブタカラ

炒め・揚げ料理④

東京 荻窪

ことぶき食堂《ことぶきしょくどう》

ブタカラ定食　1000円
カリッと揚げた豚肉に、しょう油、酢、にんにく、しょうがなどで和えた特製ダレをたっぷり。タルタルトッピングは+50円

環状八号線沿いにある昔ながらの赤テントがなんとも懐かしい店構え。こちらの名物が豚の肩ロース肉を高品質ラード１００％で揚げたブタカラだ。注文の声が飛び交う、活気あふれる名物店を切り盛りするのは三代目店主の白石さん。伝統の和風だしを生かしたカレーをはじめ、新メニューも次々に生み出し評判も上々。一度は訪れてみたい個性派老舗食堂だ。

1 天井が高く開放的な店内。厨房を盛り上げるのは店主のママ友スタッフの皆さん　2 カフェ風の立て看板がお出迎え。新メニューのブタカラとスパイスカレーのプレートも大好評

東京都杉並区桃井1-13-16
☎ 03-3390-0545
🕘 11:30～15:00(LO14:30)
休 水・日曜、不定休
交 各線荻窪駅より徒歩約12分

炒め・揚げ料理⑤

大阪 大阪上本町

中華料理南海飯店ハイハイ店《ちゅうかりょうりなんかいはんてん はいはいてん》

酢豚　800円

噛み応えがある豚モモ肉に合わせて玉ねぎなどもシャキシャキした食感。餡はやさしい酸味で甘さが引き立つ

豚肉の旨味を堪能できる昔ながらの王道酢豚

創業60年を超える老舗で名物の餃子とともに高い人気を誇っているのが酢豚だ。初代からほとんど変わらないというレシピは、食べるとほっとする昔ながらの甘酢仕立て。旨味たっぷりの豚モモ肉は、丸ごと一本仕入れて店内でカットすることで価格もお手頃に。素材にこだわりながらも、よいものを安く食べてほしいという店主の思いやりが感じられる一皿だ。

1円卓中心の中華料理店らしいレイアウト。赤枠のメニュー短冊がズラリと貼られていて賑やかな雰囲気　**2**ハイハイタウンの半地下になっている西側エリアにある

大阪府大阪市天王寺区上本町6-3-31
うえほんまちハイハイタウン 1F
06-6773-3746
11:30〜15:00(LO14:15)、17:00〜21:00(LO20:00)
休 水曜（祝日の場合は翌木曜休）
交 近鉄各線大阪上本町駅より徒歩約3分

巧みな温度管理と二度揚げで衣のカリカリ食感を追求

1965年創業の中華食堂の不動のメニューがからあげだ。味を受け継ぐ二代目中野一範さんは「普通の食材を美味しくするのが料理人」と手間を惜しまない。まず鶏肉の8割ほどを低温で揚げ、中心の2割は余熱で火を通す。風味と食感のよさを追求し、高温の油で二度揚げしてねぎごま油で仕上げるというこだわりようで、カリッサクッとした唐揚げに仕上がる。

炒め・揚げ料理⑥

大阪 福島

大洋軒《たいようけん》

からあげ6個　690円

ジューシーな鶏肉を包む衣の配合を知っているのは店主を含め3人だけ。塩かしょう油ベースのタレで味わう

1オープンなキッチンでは中華鍋2つを駆使して唐揚げを作る様子が見られる　**2**福島駅前の飲食店が集まる路地で営業。ランチタイムはあっというう間に行列ができる

大阪府大阪市福島区福島5-13-1 上翔ビル 1F
06-6458-6377
11:30〜14:30、17:30〜22:30（LO22:00）
休 土曜午後・日曜・祝日　交 JR大阪環状線福島駅より徒歩約2分

飯・丼①

大阪 梅田

平和樓《へいわろう》

天津飯　650円

卵3個分のボリュームと半熟加減に職人技を感じる看板商品。リーズナブルで、天津飯目当てのお客が絶えない

「ただいま」と帰りたくなる飽きのこないやさしい味

「シンプルに、素直に作ってるだけ」と、店主が朗らかに語るメニューは、国産素材にこだわり、調味料も最低限で、飽きのこない味を追求。中でも人気は天津飯だ。ふわとろ卵が包容力たっぷりにライスを包み、素朴な甘さの餡と絡めていただけば、初めて食べても懐かしさを覚えるやさしい味わい。「続けられることが幸せ」と笑う店主の人柄を投影した一皿だ。

大阪府大阪市北区角田町9-26
新梅田食道街 1F
06-6311-4704
11:30～15:00、
18:00～22:30（LO21:45）、
土・日曜・祝日11:30～22:00（LO21:30）
休 月曜
交 JR各線大阪駅、各線梅田駅より徒歩すぐ

炸春捲《はるまき》　1000円

エビやたけのこを卵の皮で包んだ具だくさん春巻。油っこさがなく、次々口に運んでしまう

1 1950年、新梅田食道街が発足した当初から営業。現在は二代目となる名輪さんが家族で切り盛り 2 手入れの行き届いた店内は居心地も抜群

飯・丼②

東京
半蔵門

三貴苑《みきえん》

チンジャオロース丼　900円
植物性油を使用し味も濃すぎないので、ガッツリでも重くならずに食べすすめられる。日替わりのスープ付き

ガツンと元気を補給する ビジネスマン御用達メシ

ワッとかき込みたくなるような、餡をまとった艶めく丼。ピーマンとたけのこの食感が楽しく、噛むほどに旨味が広がる。途中まで食べたところで卓上にある「食べる豆板醤」で味変すれば、あっさりと完食してしまう。昼飲みも大歓迎で、夜はビジネスマンの憩いの場。チンジャオロースが定食でなく丼なのも、時間に追われるお客が多いからかもしれない。

1 中華鍋でおどるように炒められる具材。注文して待たずに食べられるのがうれしい　**2** ネオンの看板に、食品サンプルが並ぶショーケース。こだわりが書かれたポップも必見

肉シュウマイ 600円
プリッと弾力があり、肉汁があふれる。上に飾られているのはグリーンピースではなく枝豆

東京都千代田区麹町1-8-8
☎ 03-3234-1247
⏰ 11:00〜21:30
㊡ 無休
㊯ 東京メトロ半蔵門線半蔵門駅から徒歩約2分

飯・丼③

大阪

中国家庭菜館《ちゅうごくかていさいかん》 宝喜《ほき》

大阪天満宮

天津麻婆丼　850円

大皿に山盛りの量で唐揚げとスープも付く。食感のアクセントにキャベツや水菜などの野菜を使うのも特徴だ

毎月第４週のランチ限定 豪快お値打ち中華めし

中華一筋40年の店主が、「四川、広東、北京料理のいいとこどり」をテーマに多彩な中華料理を提供する。注目は毎月第4週のランチに登場する天津麻婆丼。天津飯のようにとじ卵をご飯にのせたあと、さらに麻婆豆腐をかけるという、まかないがきっかけで誕生した中華メシ。濃厚な麻婆豆腐とまろやかなとじ卵、ご飯の美味しい一体感が存分に味わえる。

担々鍋（冬期限定）1人前1980円（単品）

夜の飲み放題付きコース1人前5500円～の中の一品（要予約。注文は4名から）

大阪府大阪市北区天満2-8-4
06-6358-3574
11:30～13:30、
18:00～20:00（夜は予約のみ）
㊡ 不定休
㊯ JR東西線大阪天満宮駅より
徒歩約10分

2

1 ご飯にのる野菜入りとじ卵は半熟ふわふわ。天津麻婆丼の隠れた味のこだわりだ　**2** ビルやマンションが立ち並ぶ閑静な場所で営業。新型コロナ完全収束まで夜は予約のみ

1

1 温もりあふれる広々とした店内。昼はラーメンや天津飯などの中華ランチ、夜は枝豆やタコブツなどのおつまみメニューも豊富に揃う **2** 船場センタービルの地下2階で営業

大阪府大阪市中央区船場中央3-3-9
船場センタービル9号館 B2F
☎ 06-6251-3561
🕘 11:00～15:00（LO14:45）、
16:30～21:30（LO21:00）、
土曜11:00～20:30（LO20:00）
㊡ 日曜・祝日
㊇ 大阪メトロ各線本町駅より徒歩すぐ

女性でもぺろりと食べられる 鶏ガラ出汁が効いたやさしい旨さ

本町界隈で働くサラリーマンの胃袋を支えて50年以上。中華風カツ丼は、ご飯に敷き詰められた外はさっくり、中はジューシーなカツの上に玉ねぎと長ねぎが入った中華餡がたっぷり。どこか懐かしさを感じさせる味わいで長年人気のメニューだ。プラス150円で半玉ラーメンが付く定食もおすすめ。土曜は通し営業なので、お出かけ帰りに昼飲みも楽しめる。

皿うどん（スープ付）700円
具だくさんな餡をかた焼きそばにオン。お好みで酢やカラシを加えてどうぞ。半チャーハン付の定食850円も注文可

飯・丼④

大阪 本町

中華料理 居酒屋 珍八香《ちゅうかりょうり いざかや ちゃこ》

中華風カツ丼　700円
餡に溶き卵をゆっくり加えて火入れすることで、いつまでもとろとろの食感に。料理人のさりげない技が光る一品

飯・丼⑤

大阪
桜川

北京料理 龍《ぺきんりょうり ろん》

カツ丼　710円
野菜と卵が入った甘めの餡は、さりげなく効いた一味唐辛子が絶妙。良心的な値段も人気の理由の一つ

中華丼とカツ丼のいいトコどりメニュー

桜川駅からすぐの場所で60年近く続く老舗。カツ丼は前オーナーの代からあるメニューだが、ユーチューブで紹介されたこともあり、口コミで広がっているという。お得な飲み放題もあり席数も多いので、野球やサッカーなどスポーツ帰りの団体客に人気だが、一人客も引っきりなしにやって来る。この町の胃袋を支える、なくてはならない一軒だ。

エビマヨ　880円
プリプリの大エビに絡めた自家製マヨネーズは、隠し味にレモンとジンを使用。やさしい酸味でいくらでも食べられる

大阪府大阪市浪速区桜川3-1-28
☎ 06-6568-5067
🕘 11:30〜22:00（LO21:00）
休 火曜、月1〜2回月曜不定休
交 大阪メトロ千日前線桜川駅より徒歩すぐ

1町中華ならではの真っ赤なテーブルと壁にズラリと並ぶ黄色いメニュー札が印象的な店内　**2**駅からすぐの好立地。毎週金曜は夕方から餃子が半額になるうれしいサービスも！

飯・丼⑥

東京 中華そば《ちゅうかそば》 天宝《てんほう》

渋谷

特丼　900円

具材は豚肉、玉ねぎ、炒り卵、ピーマン。新玉ねぎを使う4～5月頃は特に甘みと柔らかさが増すのだそう

淡路島産玉ねぎの甘さとピリ辛の味付けが好相性

1968年のオープン以来、渋谷で働く人の胃袋を支えてきた中華料理店。場所柄アパレル店員やテレビ局の職員、外国人のお客も多い。特丼は元々まかないメニューだったが、常連客に提供したところ口コミでその美味しさが広まっていったのだとか。シャキッとした食感と甘さが楽しめる淡路島産玉ねぎを使用しているのが味の決め手だ。

1店内には創業時の写真も。店舗の歴史を感じることができる **2**暖簾分けを重ね、多いときには都内で30店舗近く営業していたという。現在は渋谷店、笹塚店、代々木八幡店が営業中

東京都渋谷区神南1-10-7
03-3462-0622
11:00～16:00（LO15:40）、17:00～20:30（LO20:00）、祝日11:00～17:00（LO16:40）
休 土・日曜　交 各線渋谷駅より徒歩約8分

飯・丼⑦

東京 台湾料理《たいわんりょうり》 生駒《いこま》

菊川

一度食べたらハマる味！ 麻婆豆腐×中華カレー

2023年に創業50年を迎えた創作系の町中華。こちらでは台湾料理をベースにしたユニークなメニューを味わうことができる。麻婆カレー飯排骨《パイコー》のせは、山椒や花椒のスパイスが効いた爽やかな痺れの麻婆豆腐とカレーが一緒になった個性あふれる一皿。カレーには豚や煮干しなどから出汁をとった中華スープを使用しており、麻婆豆腐との相性も抜群だ。

麻婆カレー飯排骨《パイコー》のせ　1280円

温泉卵も付いてボリューム満点！ 排骨は五香粉や八角などを使用せずに日本人好みの味にアレンジしている

1昼は定食、夜は一品料理や麺料理などを提供。汁なし台湾ラーメンの皿パンチ800円は夜限定の一番人気メニュー **2**移転のため一時閉店中。営業再開は2023年2月下旬～3月上旬を予定。写真は移転前の店舗

東京都墨田区緑4-6-1 パークホームズ錦糸町エアヴェール1F ※移転準備中　03-3633-4089　11:30～13:15、18:00～21:00
休 水曜　交 都営地下鉄新宿線菊川駅より徒歩約7分

麺①

東京 池尻大橋

鶏舎《ちいしゃ》

心も体も温まるメニューが揃う
一度は訪れたい町中華の名店

肉細切りソバ　1000円
大きく柔らかな細切り豚肉とシャキシャキ野菜の濃厚な餡が、あっさりしょう油ベースのスープと細縮れ麺によく合う

トリソバ 900円

鶏と豚を煮込んだ特製スープとねぎの香りが引き立つ塩ダレ、カイワレの食感が後を引く。最後の一滴まで旨い

都心の住宅街に佇む鶏舎は、連日大行列で有名な夏季限定の冷やし葱そばの他にも、並んでも食べたい絶品揃いの名店だ。「特別なことは何もしていない、いい塩梅で作るだけですよ」と笑う店主の腕から次々に生み出される逸品は、もはや感動の域！ 著名人や業界人が足しげく通う名店だが、家庭的で一人でも気軽に入りやすい雰囲気も魅力だ。

五目ウマニかけ飯 1000円

野菜や豚肉など具材たっぷりの熱々餡かけ。ボリューム大でもペロリと食べられる

東京都目黒区青葉台3-9-9
☎ 03-3463-5365
🕘 11:15〜14:30、17:00〜20:30 LO、土曜11:15〜14:30
㉁ 日曜・祝日
㊇ 東急田園都市線池尻大橋駅より徒歩約8分

1 兄弟のあうんの呼吸が生み出す本格中華。厨房がよく見えるカウンターは特等席だ **2** 閑静な住宅街で地元客に30年以上愛され続けている。青い屋根と赤い看板が目印

五目焼きそば（硬／軟）1000円
麺のかたさは2種類から選べる。「軟」の麺は、独特のコシと歯切れの良さが特長。（写真は「軟」）

麺②

東京 浅草橋

大勝軒《たいしょうけん》

大満足のボリューム！ 香ばしい自家製麺にも注目

2023年で創業77年を迎える中華料理店。現在は二代目の岩上勇さんと三代目の孝之さんが二人で厨房に立つ、アットホームな雰囲気も人気の秘密だ。地元客から根強い支持を受けているメニューが五目焼きそば。コシのある自家製麺とたっぷりの野菜、卵、チャーシューが絶妙に絡み合い一体感を生み出している。まさに箸が止まらなくなる美味しさだ。

しいたけそば　800円
一番人気の麺メニュー。しょう油味のスープにしいたけの旨味が染み渡る大人のラーメンだ

東京都台東区浅草橋2-28-10
03-3851-1952
11:00〜15:00（LO14:45）、17:00〜20:30（LO20:00）、土曜11:00〜14:30（LO14:15）、17:00〜19:30（LO19:00）
休 日曜・祝日
交 各線浅草橋駅より徒歩約5分

1店舗の地下で麺を製造。かた焼きそばのようなパリパリ感が好きな人は「硬」もおすすめ　**2**お酒のつまみにぴったりな小皿料理も350円で提供。ちょい飲みも楽しめる

麺③

東京 梅林《めいりん》

五反田

素朴な美味しさがクセになる
町中華が生んだソース焼きそば

初代の小島幸正さんは、赤坂と銀座にある老舗中国料理店『維新號』で研鑽を積み、1968年に独立。現在も厨房に立ち、二代目である息子の一幸さんとともに店の味を守っている。看板メニューは、16種類もある焼きそば。麺のかたさやソースの配合など、美味しさに向き合い日々調整を行う。試行錯誤を重ね、時間をかけて進化を遂げた町中華が誇る逸品だ。

1 1階は中国の調度品に囲まれたテーブル席。2階には座敷が広がり回転テーブルも完備　**2** 周辺はオフィス街のため平日にはサラリーマンが多く訪れる。週末にはファミリーも

東京都品川区東五反田1-24-1
03-3473-2005
11:00～15:00、17:00～22:00（LO21:15）
土曜・祝日11:00～15:00、17:00～21:30（LO21:00）
休 日曜
交 各線五反田駅より徒歩約3分

しゅうまい　760円
ほどよい脂身の入った肩ロースを使っているので柔らかく、食べ応えもある人気の一品

肉ソース焼きそば　980円
歯触りのいい麺やたっぷりの具材によく絡むソースは、2種をブレンドしており酸味と甘みのバランスが絶妙

麺④

大阪

京橋

牡丹江《ぼたんこう》

大阪ちゃんぽん　930円

直径30cm近い器で登場。豚肉やエビも入っているが、キャベツや青菜、もやしなどの野菜の量がすごい。とろみ強めの餡が中華麺によく絡む

野菜の旨味を生かした あっさりちゃんぽん

戦後すぐに創業し、三代目が味を引き継ぐこちらは、ボリューム満点の料理で京橋界隈のサラリーマンに絶大な支持を得ている。「ランチ時はこれだけしか作っていない日もある」と店主の清水さんが話すように、ダントツ人気は大阪ちゃんぽん。しょう油ベースのスープで野菜もたっぷり、あっさりとした味わいだ。チャーハンがセットになるランチタイムがお得。

海老チリソース　710円

プリプリのエビにたっぷり絡む餡は甘辛いタイプで、にんにくやお酢が味を引き締めている

大阪府大阪市都島区東野田町3-4-6

☎ 06-6352-0309

🕘 11:30〜14:00LO、17:00〜21:00

休 月曜（祝日の場合は営業、翌火曜休み）

交 各線京橋駅より徒歩約3分

1 三代目の清水さん。「お腹いっぱいになってほしい」という思いから、どのメニューもボリュームが多くなっていったとか **2** 居酒屋などが密集する京橋駅前エリアで黄色の大きな看板が目立つ

麺⑤

大阪 服部天神

パンダ食堂 晴山閣《ぱんだしょくどう せいざんかく》

ニラそば　980円

卵麺を覆い隠す大量の具は白菜とニラ、黒豚肩ロース肉。スープの複雑な旨味と絶妙なピリ辛さがクセになる

先代の味を受け継いだ やみつきになる爽快な辛さ

創業から60年以上になる店で変わらぬ人気のニラそばは、「辛い物が食べたい」という韓国人客の要望で約50年前に先代が考案した。辛さの中に力強い旨味が感じられるスープは、5種の唐辛子がベースの秘伝のソースが決め手。二代目の浅野佳幸さんは「作り置きしない」というポリシーを守り、野菜も注文が入ってから切るのでシャキシャキした歯応えが格別だ。

1 大手外食チェーンから店を継ぐために戻り、味を守っている浅野佳幸さん　**2** かわいいパンダのロゴマークが目印。2015年に豊中市本町から服部阪急商店街へ移転した

大阪府豊中市服部西町2-4-12
06-6866-1595
11:30〜14:00(LO13:30)、
17:00〜21:00(LO20:30)
㊡ 月曜（祝日の場合は営業）
㊫ 阪急宝塚線服部天神駅より徒歩約5分

春巻（2本）
900円

豚肩ロースのミンチ、たけのこ、しいたけなどの具を卵で巻いた春巻は海鮮の甘みがアクセントに

中華の道具が欲しい！

おうち中華はフライパンでも作ることができるけれど、熱伝導率の高い中華鍋で作ると、さらに美味しい！キッチンで料理をするのが楽しくなるアイテムをご紹介。

まずは欲しい 中華鍋

Ⓐ **山田工業所 打出北京鍋（厚さ1.6mm/直径27cm）3993円**

フライパンのように持ち手が一つの「北京鍋」タイプは、スムーズに鍋を振ることができるので初心者におすすめ。山田工業所の中華鍋は打ち出し製法で叩き締められ、丈夫で長持ち。一般的な中華鍋よりも厚く、火力の弱い家庭用コンロでも焦げ付きにくい。

後片付けもラクラク！

Ⓑ **ササラ　297円～**

適度なかたさがありながらも、鍋肌を傷つけずに洗える掃除アイテム。洗剤を使わないため、鍋表面の油膜を落とさず手入れができる。

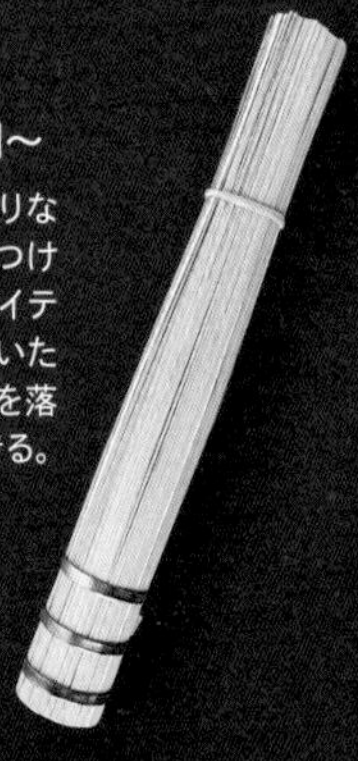

あると便利な 両手鍋

Ⓐ **山田工業所 打出両手中華鍋（厚さ1.2mm/直径33cm）3036円**

持ち手が両側についている「広東鍋」タイプは底が浅い造りになっており、コンロの上でも安定しやすい。そのため、揚げ物や茹で物など炒め物以外にも使いやすい。鍋を振るときに布巾でつかむなど、上手に使うためには慣れが必要。

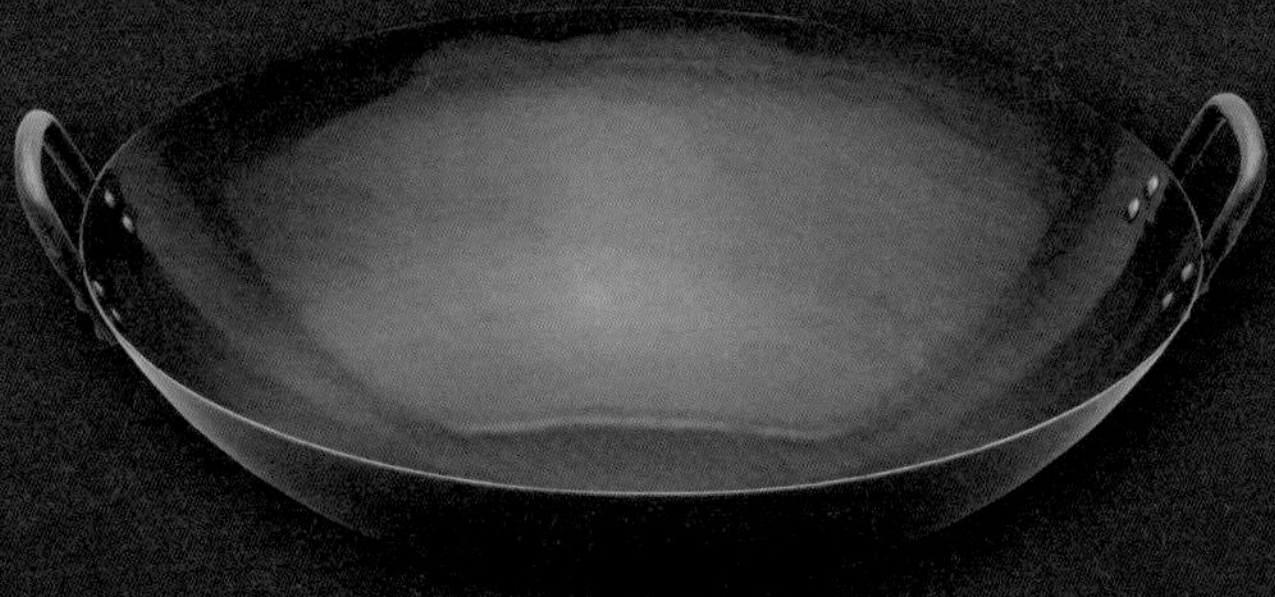

使ってみたい本格的なアイテム

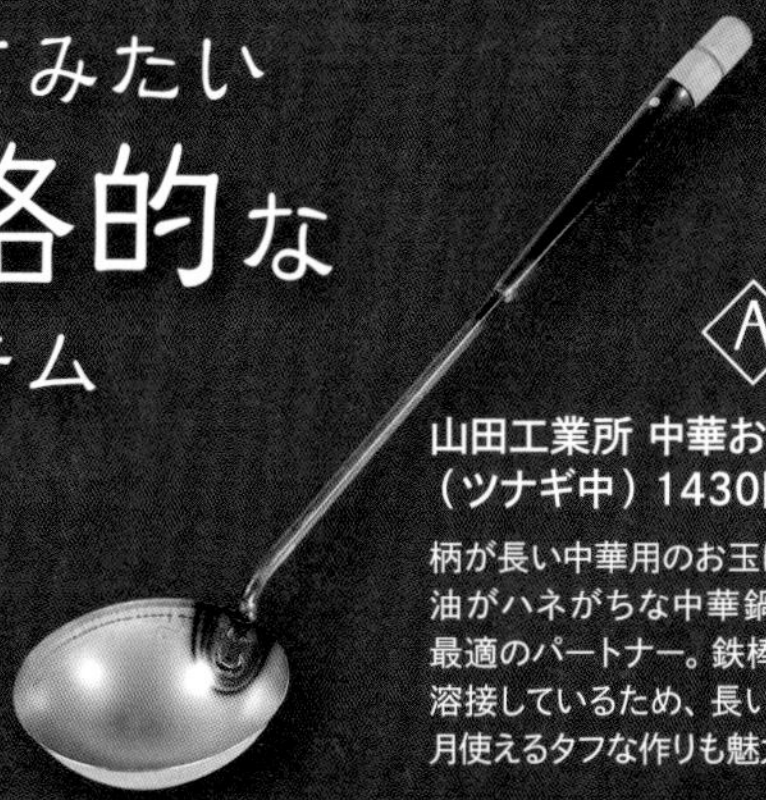

Ⓐ 山田工業所 中華お玉（ツナギ中）1430円

柄が長い中華用のお玉は、油がハネがちな中華鍋に最適のパートナー。鉄棒を溶接しているため、長い年月使えるタフな作りも魅力。

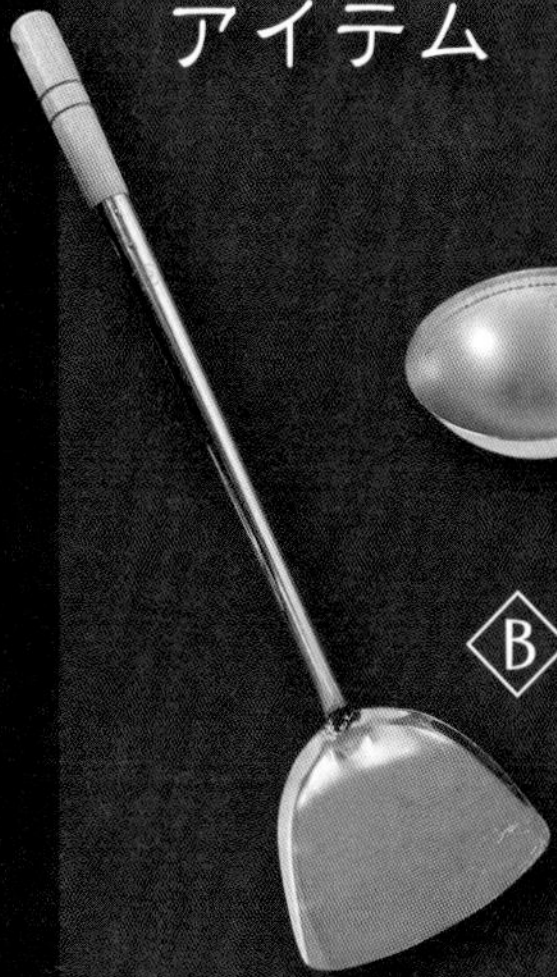

Ⓑ 中華ベラ　704円

お玉よりフラットに作られているので、混ぜる、潰す、盛り付けるなどの作業がしやすい。鍋振りをせずに材料を返すことができて便利。

揚げ物づくりに最適

Ⓑ ジャーレン　1793円

中華鍋から揚げ物を一気にすくえる油切りアイテム。穴が大きく開いているので、油通しや湯通しの際にも効率よく作業できる。

餃子づくりの頼もしい味方

Ⓑ 餃子返し　1430円

狙った場所にスッと差し込め、きれいに並べた状態を崩さずに盛り付けられる。ハンバーグや目玉焼きにも活用できる。

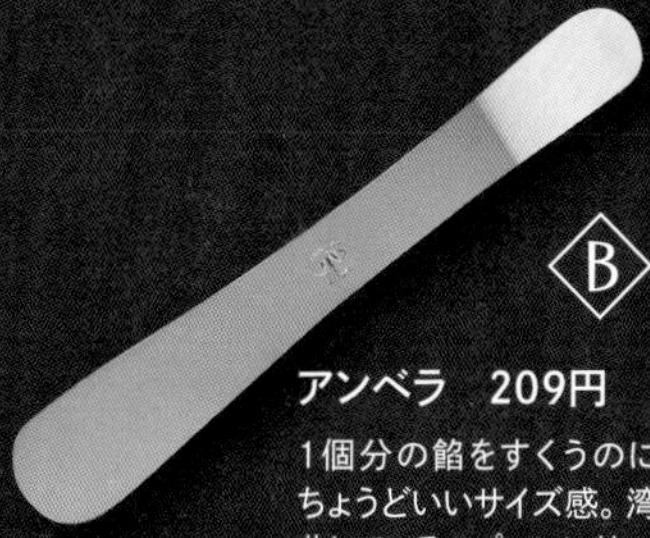

Ⓑ アンベラ　209円

1個分の餡をすくうのにちょうどいいサイズ感。湾曲しているスプーンに比べてスッと餡をのせられ、作業スピードがアップ。

料理道具を探すなら 道具屋街へ行ってみよう

Ⓑ 千田《せんだ》

大阪・千日前道具屋筋商店街で130年の歴史を誇る、食の総合機器商社。地下1階から3階までの4フロアに料理道具がぎっしり。家庭用の鍋や食器からレストラン向けの厨房機器まで約15万点が揃う。

大阪府大阪市中央区難波千日前 8-16
☎ 06-6632-5851　🕘 10:00～18:00
㊡ 第3日曜
㊛ 大阪メトロ各線なんば駅より徒歩約5分

Ⓐ 釜浅商店《かまあさしょうてん》

明治創業、東京・かっぱ橋道具街にある老舗。釜や包丁、行平鍋、フライパンなど、プロの料理人が長年愛用する料理道具が揃う。中華鍋は打ち出し製法にこだわる「山田工業所」のアイテムを中心に扱う。

東京都台東区松が谷2-24-1
☎ 03-3841-9355　🕘 10:00～17:30
㊡ 無休
㊛ 東京メトロ銀座線田原町駅より徒歩約8分

中華鍋の扱い方とは?

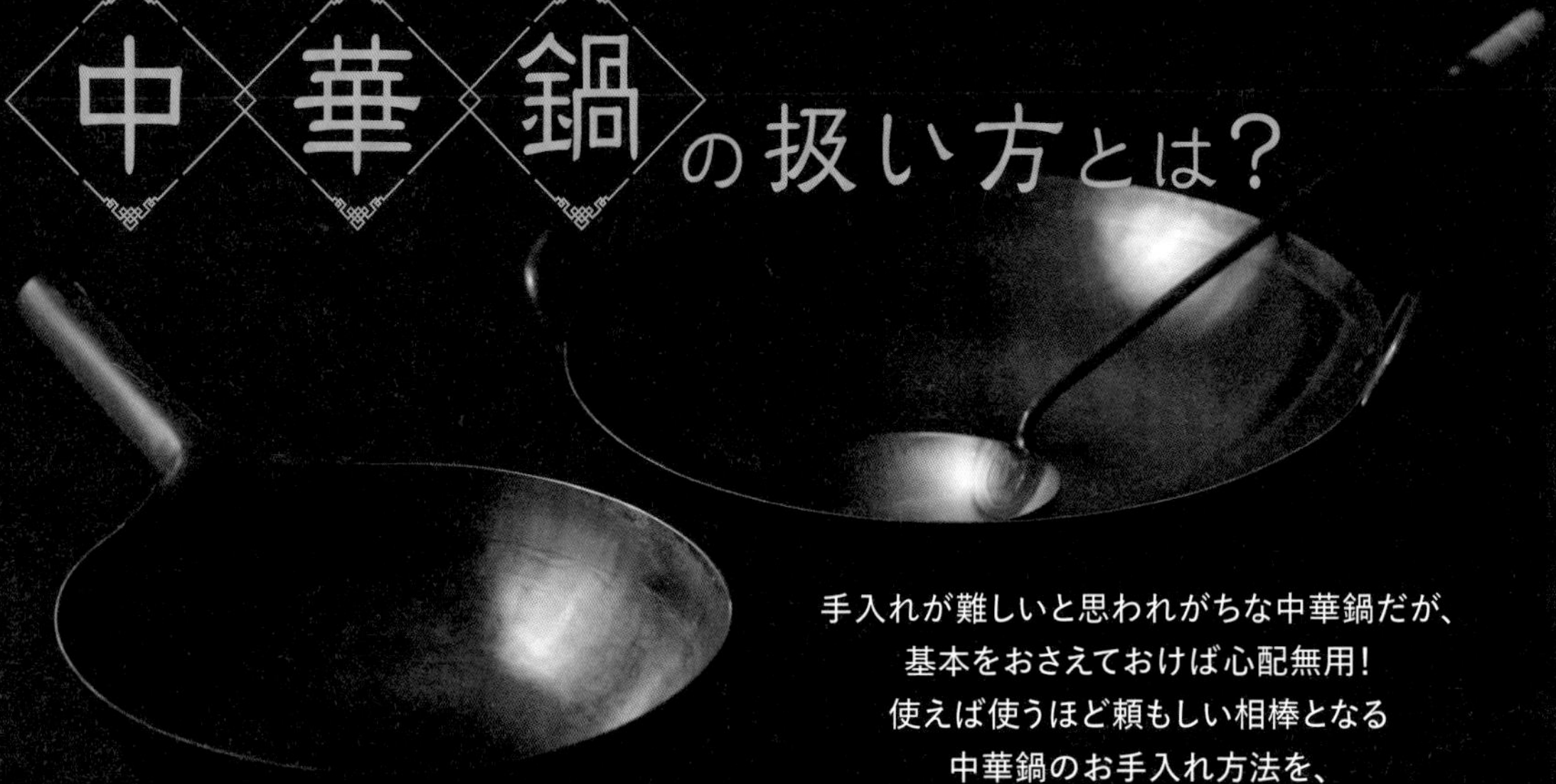

手入れが難しいと思われがちな中華鍋だが、
基本をおさえておけば心配無用!
使えば使うほど頼もしい相棒となる
中華鍋のお手入れ方法を、
かっぱ橋道具街の老舗・釜浅商店に伺った。

ポイント1

洗剤は使用しない

洗剤を使用すると、鍋の被膜が落ちてしまい焦げ付きがちに。汚れが落ちやすい鍋が熱いうちに、天然素材のタワシやササラなどで洗剤を使用わずに洗うのがベター。洗い残しがあると腐食の原因となる。焦げやソース、塩分などの汚れはしっかり落とそう。

ポイント2

使用後はしっかり乾燥

水分が残った鉄鍋は錆びてしまうため、しっかり乾かすことが重要。洗い終わった後は水けをふき取り、コンロで空焚きをして水分を飛ばそう。長時間加熱しすぎると油が焼き切れてしまうので、あくまでも乾かす程度に。水けが飛んだら、鍋が温まっているうちにキッチンペーパーで油を薄く塗ると、よりなじみやすくなる。

ポイント3

食材を入れっぱなしにしない

できあがった料理を鍋に入れたままにしておくと、金属臭が料理に移ったり、水分や塩分により錆びたり、腐食の原因になることも。トマトや酢など酸性が強い食材については特にご注意を。調理後はできるだけ早く料理を皿や容器に移そう。

ポイント4

こまめに料理をしよう

鉄打出し中華鍋は使えば使うほど育っていく道具。油をなじませながら使えば、錆びにくく、焦げ付きにくい頼もしい味方となる。中華鍋は炒めるのはもちろん、茹でる、揚げる、煮るのほか、せいろを使えば蒸すことも可能。大事にしまい込むのではなく、普段の料理にも活用して使いやすい鍋に育てよう。

※釜浅商店で販売する「山田工業所 打出北京鍋」を例にしています。
他の商品や材質の異なるものでは、鍋を傷める場合もあります。各商品の取扱説明書を読んでご使用ください。

町中華の
オムライス
カレーは
なぜ旨い？

町中華の隠れた人気メニュー、それがオムライスとカレーだ。
ラードを使ったチキンライスやラーメンスープを使ったカレーなど、
町中華ならではの個性あふれる味わいがクセになる！
今回は2軒のレシピとともに、
町中華オムライスとカレーの旨さの秘密を紹介。

東京　浅草

中華料理 ぼたん

町中華
オムライス

まろやかなケチャップと豚の脂が一体になる中華の味

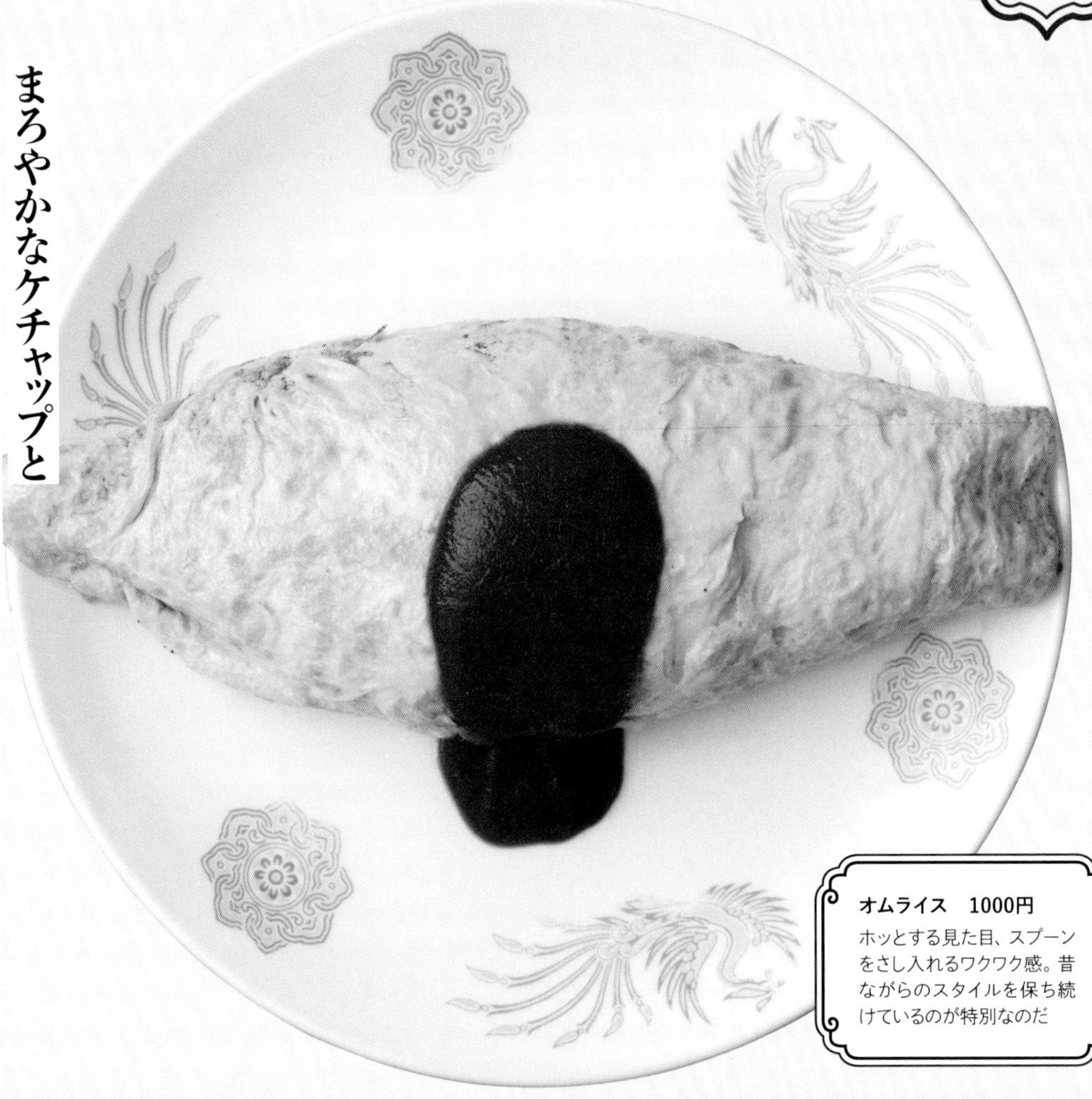

オムライス　1000円
ホッとする見た目、スプーンをさし入れるワクワク感。昔ながらのスタイルを保ち続けているのが特別なのだ

江戸紫のパリッとした暖簾に、ぼたんの文字。１９４８年に創業し、70年以上のあいだ町の中華料理店として地元民の腹を満たしてきた。現在は三代目の店主と四代目の息子が店を切り盛りする。昼飲みにもぴったりの餃子や、スープを毎朝仕込むラーメンなど、定番メニューの中で近年人気が高まっているのがオムライスとチキンライスだ。芸術点高めの懐かしい見た目もあってか、昔からの常連客に加えて20代の若い層からも支持されている。ラードを使って強火でしっかり炒めたチキンライスは、中華料理店らしさを感じる味わい。まろやかなケチャップの酸味と豚の脂の旨味をまとっていて、頬がゆるむ。上にかかったケチャップとの味のコントラストで、飽きずに完食！

中華料理 ぼたんの「オムライス」の作り方

[材料（1人前）]

冷やご飯 … 250g（お茶碗1.5杯分ほど）
卵 … 2個
鶏胸肉 … 50g
玉ねぎ … 1/4玉
ピーマン … 1/3〜1/5個
ケチャップ … 130g
ラード … 大さじ2
塩、こしょう … 各少々
油 … 適量

a

b

[作り方]

❶ 煙が出るくらい熱したフライパンにラードを入れ、2cm角に切った鶏胸肉、みじん切りにした玉ねぎとピーマンを強火で炒める。

❷ ❶に冷やご飯を入れて強火で少し炒めたら、塩、こしょうを加えてさっと炒める。

❸ 2〜3回に分けてケチャップを加え、都度水分を飛ばすように強火で炒める。このときにしっかり炒めることで、ケチャップの酸味がまろやかになる。焦げると雑味の元になるので注意(写真**a**)。

❹ 一度皿に取り出し、玉子を巻く形に整えておく。

❺ 中火で熱したフライパンに油をひき、よく溶いた卵を入れる。フライパンを回しながら、丸い薄焼き玉子を作る。

❻ 薄焼き玉子に火が通りきる前に、❹を中央にのせて(写真**b**)、玉子の端を巻き込む。フライパンをお皿で迎えにいくようにして、オムライスを盛り付ける。最後に布巾で形を整え、ケチャップ（分量外）をかけたら完成。

1 東武浅草駅からすぐ。店の歴史を感じる赤いテントと江戸紫の暖簾が目印　**2** カウンター席とテーブル席があり、一人でもグループでも楽しめる。ランチは満席で待ちが出ることも　**3** 店主の川瀬茂高さん。中華鍋でくるっとオムライスの玉子を巻く華麗な手さばきを披露

中華料理 ぼたん
ちゅうかりょうり ぼたん

東京都台東区花川戸1-8-1
☎ 03-3841-5040
🕘 11:00〜20:50LO
休 金曜、不定休あり
交 東武線浅草駅より徒歩すぐ

町中華

オムライス

東京　八幡山

丸昭中華料理店

トロフワ卵のオムライス
800円

甘みが決め手の濃厚チキンライスと、とろふわ卵の相性抜群！「懐かしくて新しい」と、リピーター続出の一品

お客の声から生まれた甘くてやさしい幸せの味

「いらっしゃい！」と満面の笑顔で迎えてくれたのは二代目店主の舘野栄さん。八幡山で約50年続く町中華の名店の味を守り続けている。「お客さんに『子どもも好きな甘いチキンライスが食べたい』ってリクエストをもらって。それで作り始めたのがきっかけなんですよ」。具材はシンプル、鶏モモ肉と玉ねぎのみじん切りをケチャップでよく炒めたら、砂糖を入れるのがこだわり。ふわふわの卵に包まれた懐かしい味に、ほっこり幸せな時間が訪れること間違いなし。

丸昭中華料理店
まるしょうちゅうかりょうりてん

東京都世田谷区八幡山3-35-26
☎ 03-3304-8416
🕘 11:00～22:00
㊡ 水曜
㊋ 京王線八幡山駅より徒歩すぐ

町中華
オムライス

大阪　今川

笑々亭

中華鍋で仕上げるライスと特製デミソースが決め手

オムライス　700円
ライスに潜むチャーシューやみじん切りのゴボウが旨味と甘みに貢献。カレーチャーハンをベースにしたカレーオムライス750円もあり

駅前の好立地で約40年にわたり愛されるお店。座敷も完備する店内では、鯛のあら炊きやキズシなどの魚料理も充実し、夜は居酒屋使いに重宝されている。そんなバラエティ豊かなメニューの中でも、開店当初から人気を誇るのはオムライス。卵2〜3個を使用した薄焼き玉子の中にはチャーハンをベースにした約250gのケチャップライスがぎっしり。強火でパラパラに仕上げたライスの食感とチャーシューの煮込みダレで作ったデミソースが中華店ならではの味わいだ。

笑々亭《にこにこてい》

大阪府大阪市東住吉区駒川3-1-8
06-7669-2781
11:00〜14:30、17:00〜21:30(LO21:00)
㊡ 火曜
㊌ 近鉄南大阪線今川駅より徒歩すぐ

町中華
カレー

東京　西大井

美華飯店

まかないチャーハン×カレー
偶然のマッチがこだわりで美味に

カレーチャーハン　800円
冷ご飯で作るからこそ絶妙な柔らかさになるチャーハンに、カレーがほどよく絡む。味噌汁と漬物が添えられる

創業55年を超える老舗で、初代店主が長崎県出身ということから看板商品はちゃんぽんや皿うどん。しかし約10年前、二代目の井手智之さんがまかないのチャーハンに気まぐれでカレーをかけ、人気メニューのカレーチャーハンが誕生した。チャーハンはかまぼこなどを入れて甘めに仕上げた既存のものではなく、オムライス風にアレンジ。こしょうはカレーのスパイシーさを引き立てるホワイトペッパーを使用。カレールウは市販品だが、「フォン・ド・ボー入りでコクを足し、鶏ガラスープでまろやかに」とのこだわりが。

女将の芳さんが「町中華は、どんなメニューも作ってもらえる可能性を感じさせる」と話すように、今後もアイデアを盛り込んだ新メニューが生まれる予感だ。

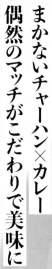

美華飯店の「カレーチャーハン」の作り方

[材料（1人前）]

●カレールウ

豚肉 … 60g

玉ねぎ … 中玉1/2個

S&B フォン・ド・ボー
ディナーカレー中辛 … 1/8箱

A 鶏ガラスープの素（顆粒）
… 小さじ1 ※店ではラーメンスープを使用
水 … 150ml

●チャーハン

冷やご飯 … 300g

豚ひき肉 … 30g

ピーマン … 1/4個

玉ねぎ … 中玉1/8個

にんじん … 1cm

卵 … 1個

ラード … 大さじ2

B 塩 … 小さじ1/2
ホワイトペッパー … 小さじ1/2

[作り方]

❶ カレールウを準備する。豚肉、玉ねぎを使い、カレールウの箱裏に記載された手順のうち、水をAに替えて作る。

❷ チャーハンを作る。ピーマン、玉ねぎ、にんじんを粗みじん切りにする。

❸ 強火で熱したフライパンにラードを溶かし、豚ひき肉を加えて炒める。

❹ 豚ひき肉の色が変わってきたら❷を加え、歯応えが残るように軽く炒める。豚ひき肉は完全に火を通す（写真**a**）。

❺ ❹に卵を割り入れ、すぐに冷やご飯とBを入れてまんべんなく混ざるように強火で炒める。

❻ カレーをお玉1/2杯分（大さじ2）かけ、強火で炒める（写真**b**）。

❼ 皿にチャーハンを盛り、カレーをお玉1杯分（50ml）かけて完成。

a

b

2

1

1休日は家族連れにも大人気のアットホーム感　2美味しさを追求する智之さんと、「柔軟性を持ち、味もお店の雰囲気もウケるように」と革新的な芳さん　3仕上げにもカレーを。チャーハンがひたりすぎないように、炒める段階では少量しかかけないのがポイント

3

美華飯店《みかはんてん》

東京都品川区西大井1-1-1
Jタワー西大井ウエストコートA-103
☎ 03-3777-0213
🕘 12:00〜15:00（LO14:30）、
18:00〜22:00（LO21:30）
㊡ 日曜
㊋ JR各線西大井駅より徒歩すぐ

町中華
カレー

東京　十条

玉屋

変わらない美味しさが魅力
ザ・町中華カレーライス

カレー　850円
具材はにんじん、玉ねぎ、豚バラ肉を使用。豚肉から出る脂がカレーに甘みとコクをプラスしている

玉屋《たまや》

東京都北区十条仲原2-3-8
☎ 03-3908-0068
🕘 11:30〜15:00
㊡ 月・木曜
㊇ JR埼京線十条駅より徒歩約7分

賑やかな商店街が続く十条で65年以上お店を構える「玉屋」。先代が中華専門店として始めた創業時から、丼やオムライスといった幅広いメニューを展開。その中で常連客からの人気が高かったのがカレーライスだ。現在でも看板メニューの一つとして受け継がれている。

鶏ガラ、かつお節、煮干しの出汁などで取ったラーメンスープをカレーにも使用。カレー自体に辛さはほとんどなく、野菜と豚肉の旨味が際立っている。心がホッとするようなやさしい味わいに癒される一皿だ。

町中華
カレー

大阪 千鳥橋

天天菜館

**カツカレーライス 825円
（大盛990円）**
山椒や陳皮が鼻を抜ける爽快な後味を演出。たっぷりの牛スジもうれしい。自家製ラー油で辛さアップも可能

刺激的なスパイスが爽快な後味を生むやみつきカレー

麻婆豆腐などのスパイスが応用できることから始まったカレーは、時代とともに改良。近年はさらなる個性を掛け合わせたのが、半世紀にわたり三世代に愛される名店の一皿だ。一口食せば爽やかな辛みが広がるも、スッと引く潔さに驚き。親しみあるカレーの味わいの奥に本格中華のスパイスたちが確かな存在感を放つ。丁寧に下ごしらえしたクリスピー感あるカツも絶妙！やさしい値段は店主の地元への恩返しという、下町に根差した名物だ。

天天菜館 てんてんさいかん

大阪府大阪市此花区梅香3-28-11
☎ 06-6463-9614
🕘 11:00〜15:00、17:00〜20:30、土・日曜・祝日11:00〜20:30
休 水曜夜、土曜
交 阪神なんば線千鳥橋駅から徒歩約3分

Column 1

名店器コレクション

ちょっぴりかすれた屋号や絵柄さえ愛おしい。華やかにテーブルを彩る町中華の器をラインアップ。

博雅

P30

三貴苑

P65

ピンク地に小花柄のおなじみのデザイン！

餃子の王将

P114

桂林

P38

黄色のラインに
緑の雷紋が映える
ゆる〜い絵柄に
ほっこり
香港
大勝軒
大勝軒
店名にちなんだ
龍の絵柄が◎

吉林菜館
P49

平和樓
P64

中華料理 香港
P12

福来軒
P60

大勝軒
P72・98

北京料理 龍
P68

撮影協力＝赤坂 珉珉
（P58掲載）

町中華探検隊

北尾トロ・
下関マグロ
特別対談

町中華の魅力

下関マグロ

1958年山口県生まれ。出版社、広告代理店を経てフリーライターに。散歩や食べ歩きの原稿をネットを中心に書いている。主な著書に『歩考力』（ナショナル出版）、『ぶらナポ～究極のナポリタンを求めて』（駒草出版）などがある。

北尾トロ

ノンフィクション作家。1958年福岡県生まれ。2014年より町中華探検隊を結成。著書に『夕陽に赤い町中華』（集英社インターナショナル）、『裁判長!ここは懲役4年でどうすか』（文春文庫）、『町中華とはなんだ』（共著　角川文庫）など多数。

安くて庶民的な「町中華」突然やって来る別れに備えるべき

――「町中華探検隊」の隊長・北尾トロさんと副長の下関マグロさんは、遊びゴコロ満載の食リポで町中華ラバーを増やし続けている。あらためて町中華の魅力を語ってもらうと、定義にこだわらず、自己流で楽しむことを大切にしているのがわかる。この対談を読めば、きっと町中華レーダーが敏感になるはず。

下関マグロ　僕たちが町中華を食べ歩くようになったのは、２０１３年の暮れに昔から通っていた**高円寺の『大陸』**が閉店したことがきっかけ。トロさんに知らせたら「ああいう町中華はどんどんなくなるね」と言われたんだけど、その時初めて「町中華」という言葉を聞いたの。

北尾トロ　僕よりちょっと年配の人が、「安くて庶民的な店」という意味で使ったのを1回だけ聞いたことがあって。「そういう言い方があるのか」「すごい言葉だ」と思ってた。ただいつも一人で食べに行っていたから、使うチャンスがなくてね。いざ使ったら、マグロさんがすぐに「何それ？」とツッコミを入れてくれて、２０１４年からは2人で「あれは町中華？」「先生、どうでしょう」なんて言い合う遊びをするようになったんだよね。「駅からちょっと遠いから違う」とか、基準は適当だったけど(笑)。

マグロ　そして同じ年の8月にも衝撃的な出来事が起きた。やはりずっと通っていた**新宿の『来々軒』**が閉店してしまったんだよね。

トロ　おじいさん店主が、重い中華鍋を力強く振るっていたっけ。中華料理屋なのに「当店の名物料理はオムライス」と言っていたのが面白くて。

マグロ　あのオムライスは本当に美味しかった……。その時も「やはり町中華と別れる日は突然やって来る」「今行かないと」と思って、僕たちはますます焦った。長くやっている店ほど、作る人が年配の方ばかりだからね。

メニュー豊富な昭和創業の個人店
町中華のイメージは共通？

マグロ　僕たちと同じように思う人が集まって「町中華探検隊」になり、今ではメンバーが99人(取材時点)。２０１５年に3番目に加わった増山かおりさんの働きで、ワイドショーでも取り上げられるようになってからは、より世間に広まったね。

トロ　自分で「町中華」と言い始めるようになってからは、流行るだろうと思ったよ。マグロさんのようにみんながすごく反応するし、「こういう店」ってイメージがだいたい一致するから。

マグロ　僕たちが思う町中華は、オムライスやカレーライス、定食なんかがあるお店。他にも「床がぬるぬる」「店の前に植木鉢が置いてある」とか(笑)。

トロ　日本人流中華というか、戦後のどたばたで生まれた文化だろうね。「カレーが食べたい」なんて言う客の要望に応えるうちに、メニュー化していった。

マグロ　それと昭和創業の個人営業。

トロ　そこは大事だね。地域に根付く個人店だから、よその町からお客さんにわんさか来てほしいとは思っていない。だから「常連さんの迷惑になることはお断り」「取材拒否」というお店が多い。それでもいろいろ取材するうちに、町中華の主人はほぼ全員がおしゃべりだとわかった。注文が入ってなくて女将さんがいなければ、いくらでも話してくれる(笑)。

トロ　僕たちが大事にしたい町中華は、ランキングサイトには載らないお店。もしくは評価が低いお店に好んで行く。

マグロ　美味しさはもちろん大切だけど、「まずい」と言われても長年やっているお店には何かいい点があるはずで、僕はそれを知りたい。みんなと違うものを食べてみたら、美味しかったりもするしね。

店ごとにあるストロングポイント
名物女将に頼れば間違いなし

トロ　場所がいい、女将さんが面白い、店主にめちゃめちゃクセがあるとか、店ごとにストロングポイントがあるよね。

マグロ　撮影にお借りした**乃木坂の『赤坂 眠眠』**は、住宅をお店に改造したそうだから、造りがかなり独特で面白い。

トロ　細道を入ったわかりにくい所にあるのに、今日も盛況みたいだね。

マグロ　それと僕は町中華の魅力の一つに「出前」があると思うんだけど、テレビ番組で町中華を特集した時に出前に応じてくれたのが、**原宿の『紫金飯店』**だった。昼時はサラリーマンでいっぱいで、活気があるいいお店。

トロ　**神楽坂の『龍朋』**にもよく行った。チャーシューゴロゴロのチャーハンが美味しくて、作家の平松洋子さんは飲んだ後にわざわざ食べに行くと言うくらい。女将さんも素敵だよね。「ここ座んな」って、威勢よく仕切ってくれるのが気持ちいい。

マグロ　町中華に行ったら、女将さんに従っておけば間違いない。

トロ　「何がいい?」と聞けば、「これにしときな」って決めてくれるからね。

マグロ　それと**学芸大学の『上海菜館』**には、泣けるエピソードがあるよ。今の店主が、一緒に店を継いで修業するって時に親父さんを亡くして、何も教えてもらえなかったらしい。

トロ　つまり独学で作ってきたの?

マグロ　独学で。悩むと親父さんが夢に出てきて気力をもらうらしく、今では100品ほど作れるそうだよ。看板女将のお母さんに「旦那の味を超えた」と言われた時には、泣くほどうれしかったとか。

トロ　どのお店にもいい話がある。**飯田橋の『餃子の店 おけ以』**も、お店を閉めようと考えた時に、出入りの内装業者だった人が「この美味しい餃子がなくなるのは惜しい。俺にやらせてくれ」と言って、今の店主になったんだよね。

マグロ　あと**浅草の『博雅』**もおすすめ。元ミス日本の女将さんが素敵なのと、旦那さんが作るチャーハンがすごく美味しい。注文分をまとめて作る店が多いなか、ここは1人前ずつしか作らないんだって。理由を聞いたら、「きちんと同じ味を提供するため」と言っていた。

トロ　素晴らしい。

マグロ　それと今はないお店だけど、**西荻窪の『大宮飯店』**にあった「ちゃんぽん」がもう一度食べたい。ちゃんぽんを見たことも食べたこともなかったご主人が、想像で作ったメニューなんだって。

トロ　「20年くらいうちの人気メニューだよ」と言っていたね(笑)。あれには度肝を抜かれた。アスファルトのように敷かれたどろ～んとした餡かけの上に、ダメ押しの溶き卵がのっていて……。

マグロ　「ちゃんぽん」という語感からいろいろな物が入った料理をイメージしたん

「長年やっているお店には、
美味しさ以上に求める
いい点がある」

だろうね（笑）。「長崎ちゃんぽん」がブームになった時に町中華が取り入れたらしく、実はどの店にもあったりする。

トロ　たいていメニュー一覧の真ん中くらいに書かれているから、気づかない人も多いはず。東京では体系化されていないからこそ店によって味も見た目も違うので、食べ比べたら面白いと思う。

気負わず楽しめるのが町中華
運命の店との出会いを大切に

トロ　僕は自分で作ることにも興味が出てきてる。昨日は深夜の2時に、家でチャーシューを作ったよ。スーパーでブロック肉が割引になっていたから、なんとなく買っちゃって（笑）。今朝はそれでチャーハンを作ったんだけど、味は美味しかったのにちょっとかたかった。圧力鍋にかける時間が短かったみたい。

マグロ　チャーシューの煮汁はとっておいて継ぎ足すと、町中華の味になるよね。

トロ　炒め物については、家で作るのを躊躇する人は多そう。僕たちは町中華の厨房を「スタジアム」、カウンターを「アリーナ席」と呼んでいるんだけども（笑）、アリーナ席で調理する様子を見ていると、強火で手早く作っているのがわかるよね。火力、スピード、それにラードが大切。

マグロ　町中華のご主人に「家庭のコンロは火力がないのでどうすればいいのか」と聞いたら、「長時間炒めればいい」と教えてもらった。「チャーハンは少し焦げがつくくらいが美味しい」って。僕たちが「これでいい」と思うより、もうちょっとだけ長く炒めるといいそうだよ。

トロ　僕はパフォーマンスとして捉えているから、豪快に炒めるのが気持ちいいんだけどね。家族からは「そういうことじゃない」「まだかたい」って不評（笑）。こんなふうに町中華は家で作れもするし、日本中どこでも楽しめるところが面白いよね。まずは家と最寄り駅の間や職場の近所で、行ったことのないお店があれば行ってみてほしい。「行こう！」と気負うのではなく、「今日はお金がないから町中華で」みたいに。きっと自分に合うお店や味が、一つは見つかると思う。

マグロ　僕も「このお店に行け」ではなくて、「あなたのおうちの周りにも町中華はない？」「今行かないとなくなっちゃうよ」と伝えたい。すぐに入らなくてもいいので、まずは存在を確認。次のステップで、〝食べ支え〟のためにちょっとだけお金を使っていただきたいよね。

トロ　町にないと寂しいものだからね。「お客さんいるのかな」「いくらかな」とか、店の前のショーウィンドウにどれくらいホコリがたまっているかな、なんて関心を持っていただければ、そのうち入りたくなると思う。「ここだ」とお店に呼ばれる瞬間がくるはずなので。

家庭の味をワンランクUP!

中華調味料12選

自宅で作る料理も、味付けを少し工夫すれば本格中華に早変わり! 今日から使いたくなる、便利な中華調味料をピックアップ。

01

S&B 花椒(パウダー)　223円/12g

爽やかな香りとピリッとした辛みがクセになる中国産の山椒。パウダー状なので、唐揚げの仕上げや魚料理にパッと使いやすい。

エスビー食品株式会社　0120-120-671(お客様相談センター)

02

S&B 五香粉　237円/14g

スターアニスやクローブ、花椒など5種類のスパイスをブレンドした中国の代表的なミックススパイス。独特な中国風の香りが特徴。

エスビー食品株式会社　0120-120-671(お客様相談センター)

03

李錦記 海鮮ＸＯ醤(チューブ入り)　484円/90g

刻んだ干し貝柱と干しエビに、貝柱エキスやエビパウダーを加えた、海鮮の旨味が味わえるXO醤。ペースト状で幅広い料理に使える。

エスビー食品株式会社　0120-120-671(お客様相談センター)

04

李錦記 具入り辣油　289円/85g

粗く刻んだ唐辛子とにんにくをたっぷり使用して香港式に仕上げた、風味豊かな具入りの辣油。餃子や焼売、点心との相性抜群!

エスビー食品株式会社　0120-120-671(お客様相談センター)

05

牛頭牌 ブルヘッド サーチャージャン　398円/127g

干しエビや魚介、香味野菜で作られた贅沢な味わいの台湾式バーベキューソース。炒め物や煮込み料理にコクと深みをプラス!

カルディコーヒーファーム　0120-415-023

06

ネギ油　248円/55g

ねぎと香辛料を植物油で煮出して香りを移した香味油。炒め物やスープの仕上げに少量かければ、豊かなねぎの香味が広がりさらに美味しく!

ユウキ食品株式会社　0120-69-5321(お客様相談センター)

07

芝麻醤　378円／110g

香ばしく煎った白ごまを丹念にすり潰したごま100%のペースト。濃厚な風味とまろやかなコクは、棒々鶏や担々麺にぴったり。

ユウキ食品株式会社　0120-69-5321（お客様相談センター）

08

中華街の麻辣醤　356円／100g

大豆味噌に花椒と唐辛子をピリッと効かせた四川風辛味調味料。痺れる辛さとスパイシーな香りが、一度味わったらクセになる！

株式会社横浜大飯店　0120-01-5408

09

「Cook Do®」（中華醤調味料）甜麺醤
268円／100g

赤みそをベースに、そら豆みそのコクと一番しぼりごま油の香りを加えた本格中華甘みそ。回鍋肉など炒め物の味付け、野菜のつけみそに。

味の素株式会社　0120-68-8181

10

「Cook Do®」（中華醤調味料）豆豉醤《とうちじゃん》
268円／100g

黒豆を麹で発酵させた豆豉を便利なペースト状に。豆豉本来の豊かな味わいが広がり、これ一つで本格的な炒め物や煮物が完成！

味の素株式会社　0120-68-8181

11

「Cook Do®」（中華醤調味料）熟成豆板醤
257円／90g

辣醤に特製の豆板麹を仕込んで発酵させた豆板醤。熟成した豊かなコクと辛みが、麻婆豆腐や肉野菜炒めの味を格段にアップ！

味の素株式会社　0120-68-8181

12

オイスターソース　507円／230g

広島産の牡蠣の身をすり潰し、素材そのものの味わいを生かして独自の製法で仕上げた。火を通すとより甘みや旨味がぐっと引き出される。

コーミ株式会社　052-931-2471（代）

名店の まかない レシピ

本格的なキーマカレーやさっと作れる丼メニューなど、
スタッフが食べているまかないのレシピを
町中華の名店4軒に教えてもらった。

中華一筋40年以上のオーナーシェフ末広さん。キーマカレーは持ち帰りを希望するスタッフ多数の大人気メニュー

キーマカレー

大衆中遊華食堂 八戒（P40掲載）

スパイシーなチャーハンがクセになる 肉肉しさあふれる絶品カレー

スパイスは
カレー粉でも代用OK!
難しくないので
ぜひ挑戦して
みてください!

オーナーシェフ
末広収さん

[材料（1人前）]

●カレーチャーハン

溶き卵 … 2個分

サラダ油 … 大さじ2

バスマティライス（白米でも可）… 茶碗1杯分

広東式焼豚（一般的な焼豚でも可）… 30〜40g

ピーマン … 1/2個

黄にんじん（パプリカでも可）… 1/5本

白ねぎ … 少々

発酵白菜（白菜の古漬けでも可）… 少々

A
- シチリア産塩（塩でも可）… 少々
- 粗挽き黒こしょう … 少々
- 牛パウダー（コンソメスープの素でも可）… 少々
- 豆板醤 … 少々
- 鶏油（ごま油でも可）… 少々
- クミン・ターメリック・コリアンダー・ナツメグなどスパイス（カレー粉でも可）… 各少々

●キーマカレー

牛ひき肉 … 100g

ナス … 1/2個

サラダ油 … 大さじ1

カレールウ … 少々

チャツネ（あれば）… 少々

パクチー … 適量

B
- 水 … 適量（調味料がひたひたに浸かる量）
- ワインビネガー（酢でも可）… 少々
- 白出汁 … 少々
- カレー粉 … 少々
- 砂糖 … 少々
- 豆板醤 … 少々
- トマトピューレ … 少々
- こしょう … 少々
- にんにく・しょうが（チューブ）… 各少々

[作り方]

❶ 広東式焼豚、ピーマン、黄にんじん、白ねぎ、発酵白菜は粗みじんにし、バスマティライス、Aと混ぜ合わせる。

❷ ナスは乱切りにして素揚げする。

❸ カレーチャーハンを作る。サラダ油を鍋に入れて強火にかけ、溶き卵を加えてさっと炒める。半熟になったら中火にし、❶を加えてよく炒める。全体がなじんだらお皿に盛っておく。

❹ キーマカレーを作る。サラダ油を鍋に入れて中火にかけ、牛ミンチを加えて炒める。色が変わったらBを加えて煮る。調味料が完全に溶けたら、❷を加えてひと煮立ちさせる。カレールウ、チャツネを加えてさらにひと煮立ちさせる。

❺ ❸の上に❹をかけ、お好みでパクチーを添えれば完成。

大勝軒（P72掲載）

肉玉丼

材料は
シンプルですが
満足感のある
一品です！

三代目
岩上孝之さん

かに玉丼ならぬ肉玉丼！
ふわふわの玉子がポイント

[材料（1人前）]

ご飯 … 丼1杯分
キャベツ … 30g
卵 … 1個
豚ひき肉 … 20g
鶏ガラスープ … 150ml
片栗粉 … 大さじ1/2
水 … 大さじ1
ラード（サラダ油でも可）… 適量

A 塩 … 小さじ1/3
砂糖 … 小さじ1/3
旨味調味料 … 小さじ1/3

[作り方]

❶ 溶き卵にみじん切りにしたキャベツを入れて混ぜる。

❷ ❶に豚ひき肉を入れ、しっかりと混ぜ合わせる。

❸ ラードをひいたフライパンに❷を入れ、両面を中火で焼く。

❹ 卵全体に火が通ったら、鶏がらスープとAを入れて少し混ぜ、水溶き片栗粉を入れ、全体的にとろみがつくまで弱火で加熱する。

❺ 丼にご飯を盛り、その上に❹をのせて完成。

豚味噌丼

中国料理 龍門（P51掲載）

[材料（1人前）]

ご飯 … 丼1杯分（茶碗約1.5杯分）
豚肉バラスライス … 100g
ピーマン … 1/2個
玉ねぎ … 1/8個
豆板醤 … 小さじ1
酒 … 大さじ2
サラダ油 … 大さじ2

A【タレ】（作りやすい分量）
八丁味噌（赤味噌でも可）… 100g
砂糖 … 100g
ごま油 … 小さじ2
しょう油 … 小さじ2
紹興酒（料理酒でも可）… 小さじ2
水 … 小さじ2
旨味調味料 … 少々

B【卵液】
溶き卵 … 1個
塩 … 少々
旨味調味料 … 少々

[作り方]

❶ タレを作る。Aを鍋に入れて強火で熱し、沸騰したら弱火にしてぶくぶくとなるまで煮込む。

❷ ピーマンは縦半分に切って細切りに、玉ねぎは薄切りにする。

❸ フライパンにサラダ油を強火で熱し、Bを入れてふんわりとした炒り玉子を作り、皿に取り出す。

❹ 豚肉を強火で炒め、豚肉の色が全体的に変わったら❷を加えてさらに炒め、皿に取り出す。

❺ フライパンを強火で熱し、豆板醤を入れてのばすように炒めたら火を止める。❶（大さじ2）と酒を加えて弱火でとろみがつくまで混ぜ、火を止める。❹を戻し入れて強火で絡めるように炒める。

❻ ご飯を盛った丼に❸、❺を半分ずつ盛り付けて完成。

甘辛な味付けでご飯がすすむ
炒り玉子でやさしさプラスの2色丼

タレを多めに
作っておけば、
ホイコーローなど
いろんなメニューに
活用できます！

店主
秋元長永さん

丸昭中華料理店（P82掲載）

鶏モモ肉の紹興酒ソース煮

店主
舘野栄さん

カリッカリに揚げた鶏肉に 甘辛ダレがジュワッと染み込む

[材料（1人前）]

鶏モモ肉 … 1枚
キャベツ … お好みで
サラダ油 … 適量

A
塩 … ひとつまみ
白こしょう … ひとつまみ
水 … 小さじ1
酒 … 小さじ1

B
紹興酒 … 大さじ3
宮保《クンポー》 … 大さじ1
※ポン酢、唐辛子、紹興酒…各小さじ1で代用可
しょう油 … 大さじ1
砂糖 … 大さじ1
酒 … 大さじ1
にんにくスライス … 適量
鷹の爪 … 適量

[作り方]

❶ ボウルに鶏モモ肉と**A**を入れて揉み込み、約20分漬け込んで下味をつける。

❷ タレを作っておく。ボウルに**B**を入れ、混ぜ合わせる。

❸ 鍋にサラダ油を入れ、❶を中火で揚げる。

❹ 鶏モモ肉がきつね色になり、中までしっかり火が通ったら取り出す。

❺ フライパンに、取り出した鶏モモ肉と❷を入れ、強火で煮立たせる。

❻ 沸騰したら、タレを絡めながら煮詰める。

❼ 鶏モモ肉を取り出し食べやすい大きさに切る。千切りにしたキャベツと一緒に盛り付け、タレをかけたら完成。

Column 2

名店暖簾コレクション

大好きな味を求めて、暖簾をくぐる瞬間のときめき。お店の顔ともいえる、町中華の暖簾をラインアップ。

餃子の店 おけ以
P22

中華料理 居酒屋 珍八香
P67

中華料理 香港
P12

町中華のお手本のような暖簾

大勝軒
P72・P98

丸鶴
P51

鶴マークはお店の扉やテントにも！

吉林菜館
P49

みんみん
P106

中華料理 ぼたん
P80

名店の〝あの味〟を求めて

ふと恋しくなる、あの店のあの味。
歴史の中で磨かれ、
受け継がれてきた渾身の一皿と
店主のやさしい笑顔を求めて、
いざ町中華へ。

中華そば
700円
ほうれん草やナルトなど
シンプルな具の並びも
開業当時のまま

東京 東銀座 萬福《まんぷく》

ルーツは大正時代に屋台で出していた〝支那そば〟から。その後、西洋料理と中華料理の店として開業したが、やがて中華料理主体となった。現在は創業者の孫である三代目の久保さんが100年近く続く味を守っている。

久保さんが大切にしているのは、創業当時のレシピを守り、具材なども極力加工品を使わず手作りすることだ。

「とはいえ、人の嗜好は変わっていくので〝全く昔のまま〟というわけにはいきません。土台の味を守りつつ、微妙な変化をつけていく。このバランスが一番の悩みどころです」と久保さんは笑う。

名物の中華そばは、しょう油味のスープに出汁の風味が柔らかく

「祖父から継いだ味と心を百年続く中華そばに込める」

1

2

3

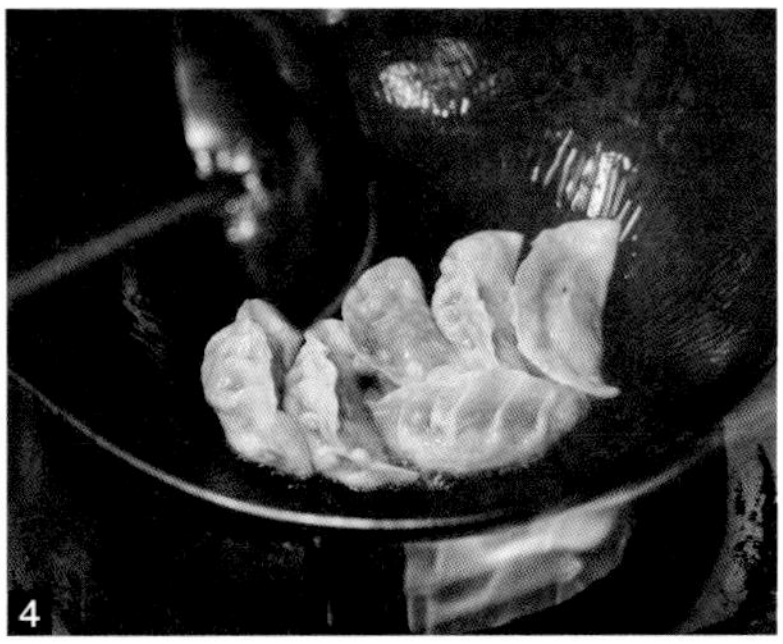
4

5

1「唯一残った洋食」というポークライス880円。ケチャップの香りが食欲をそそる　2レトロな黒電話や当時の街区表示板、創業者の写真が店の歴史を偲ばせる　3昔ながらのレシピは手間がかかるが、それでも受け継いだ手作りの味を守る久保さん　4 5餃子690円（6個）は湯通しした後、多めの油で揚げ焼きしてカリッとジューシーに。中には肉と白菜がぎっしり。にんにくは入っておらずランチでも気兼ねなく食べられる

溶け込み、その味わいがとにかくやさしい。スープを軽やかにまとった麺が心地よく喉を刺激して、食べ終わるのが名残惜しくなる。トレードマークでもある三角形の薄焼き卵はイチから作るのは手がかかるが、見た目の美しさにこだわった洋食出身の祖父の感性を継承しているという。

町の様相も昔と変わり、最近は子ども連れの家族がよく来店するようになった。「風景や住む人が変わっても、〝町の食堂〟として気軽に食事を楽しめる場所であり続けたい」と語る久保さんは、今日も厨房で鍋を振る。

東京都中央区銀座2-13-13
03-3541-7210
11:00～15:00LO、
17:00～22:00LO（土曜LO21:00）
(休) 日曜、祝日の月曜
(交) 各線東銀座駅より徒歩約5分

東京　浅草橋

水新菜館《みずしんさいかん》

営業中は続々と人が訪れて列をつくり、誰もが満足気な表情で店を後にする。明るい笑顔で迎え入れてくれるのは、オーナーの寺田規行さん。1897年に寺田さんの曽祖父が青果店として創業してから、甘味や洋食を出していた時期があるなど、歴史は長い。現在の中華料理店の姿となったのは寺田さんへの代替わりのタイミング。大学で食品について学んだ経験と食べ歩きによる研究を生かし、わずかな修業期間を経て新業態に挑んだ。

看板メニューは、お客の半数以上が注文するというあんかけ焼きそば。たっぷりの具材がまとう輝きと豊かな彩りが食欲をいっそう掻き立てる。調理には大量の油を使うの用いるが、毎日新しい油を使うの

あんかけ焼きそば

990円

香ばしく焼き付けられた麺の上には黄金に輝く餡が広がる

で胃もたれや胸やけは感じることなく、国産のオイスターソースで濃厚かつ奥深い味わいに仕上げている。

しかし、この店の名物は料理だけではない。それは店内をにこやかに駆け回る寺田さんの存在だ。「理解が深まると料理はもっと美味しくなるでしょ?」と提供時には必ず一言添えてくれて、トレードマークの蝶ネクタイも会話のきっかけのため。とにかくお客を楽しませることに心を尽くす——。そんな温かなもてなしがあるからこそ、誰もが再訪を誓うのだろう。

東京都台東区浅草橋2-1-1
☎ 03-3861-0577
🕐 11:30〜14:30LO、17:30〜20:45LO
㊡ 日曜、第2・4土曜
㊫ 各線浅草橋駅より徒歩約3分

「料理は楽しいと美味しくなる だからサービスは大事なんです」

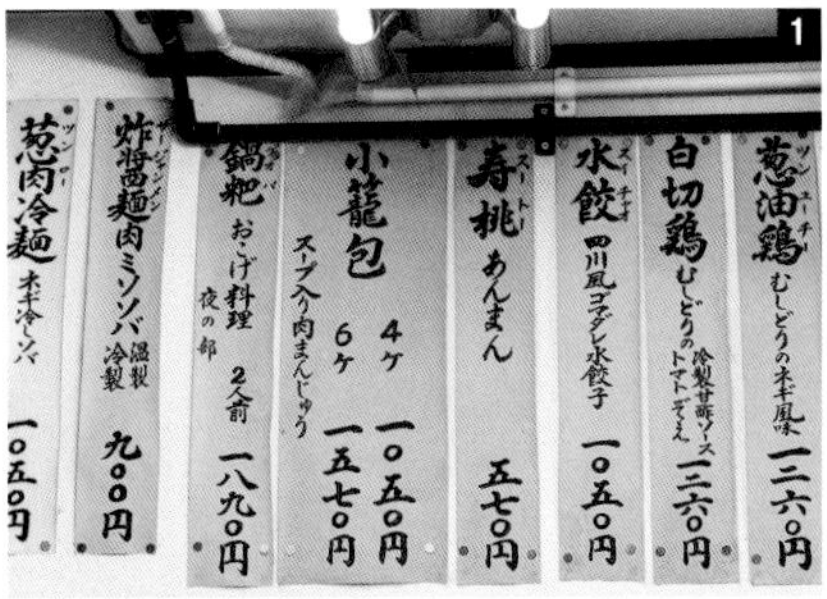

1達筆な壁の品書き(金額は税抜) 2先代から付き合いのある浅草・長塚製麺所の皮を使った餃子570円。細かく刻まれたキャベツと二度挽きの豚ひき肉が一体となり、ふわっとなめらかな食感 3喫茶店風の内装に、旅先のラスベガスをイメージしたという天井が映える 4世界各国で感銘を受けたサービスが、寺田さんのもてなしにつながっている 5酢豚990円には、噛むほどに旨味があふれるイベリコ豚の肩ロースを使用。豊富に揃うワインとよく合う

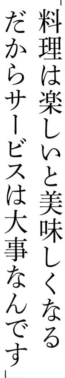

東京　吉祥寺

みんみん

吉祥寺駅の北側に広がるハモニカ横丁は戦後の闇市が発祥といわれ、かつては飲食店の他にも小さな個人商店が立ち並んでいた。その一角で50年にわたり営業し、移りゆく町を見守ってきたのが、餃子の名店「みんみん」だ。店頭にはテイクアウトコーナーが設けられ、店内で飲食する人のほか持ち帰りのお客もひっきりなしに訪れる。カリッとした焼き目にもっちり食感がたまらない餃子は、1日に数千個も売れるという。

そんな餃子を目当てに遠方から訪れるお客も多いが、店の代名詞ともいえる名品がもう一つある。他ではあまり見かけることのない、あさりチャーハンだ。具材はあさりと玉子だけ。使用する調味料

あさりチャーハン
790円
パラパラとして滋味深い味わい。
たっぷりキャベツのスープ付き

も塩やしょう油など、あさりの旨味を生かすため極限までシンプルに。レンゲで頬張った次の瞬間には、あさりの出汁によるやさしい風味が口いっぱいに広がる。添えられた大ぶりなザーサイの塩気もいいアクセントだ。

「何軒かの中華料理店で働いてきたけど、ここは居心地がよくて居ついちゃったんだよね」と、長く厨房に立つ店長の大内鉄男さんは笑う。温かな空気が流れるなかグラスに注いだビールを片手にいただく、唯一無二の餃子とチャーハン。心も胃袋も満たされる至福の時間が過ごせること間違いない。

東京都武蔵野市吉祥寺本町1-1-9
☎ 0422-22-5015
🕘 11:00〜20:00LO
㊡ 月・木曜
㊮ 各線吉祥寺駅より徒歩約2分

「餃子もあさりチャーハンもここにしかない味ですよ」

1路地の大きな赤提灯が目印　2慣れた手つきで絶え間なく餃子が仕込まれていく　3餃子570円。肉と野菜の割合は1:10と、キャベツやニラを主体にしながらも食べ応え抜群。ランチや仕事の合間にも食べやすいよう、にんにくは控えめ　4昭和の風情を感じるミントグリーンのカウンターとテーブル席を完備。店内は清潔に保たれている　5特注の厚い皮を使用しているので、餃子全体が覆われるほど大量のスープで茹でた後に焼き上げていく

水餃子（6個）
460円

酢じょう油か中国香酢で。紹興酒と楽しむのが店のおすすめ

大阪 茨木

水餃子の店《すいぎょうざのみせ》 哈尔濱《はるびん》

焼餃子ではなく水餃子の専門店。しかも40年余り続く店は貴重だろう。看板の水餃子は作り置きゼロ。注文が通るたびに生地を打って伸ばして餡を丁寧に包んで茹でてゆく。「大変ですが先代が中国で学んだ作り方は一切変えてません」と二代目の秋田義人さん。

義人さんの父である創業者の正義さんは10代だった戦時中、満州に渡り軍の炊事に従事した。帰国後は会社員として働いたが、満州で味わった水餃子の美味しさが忘れられず、料理づくりが好きだったこともあって「本場の水餃子を日本の人に食べてもらいたい」と56歳で会社を退職。中国大使館で紹介してもらった中国のハルビン市にあるホテルレストランで、水餃子作

「昔から変わらない水餃子で心地よい時間を提供したい」

1清湯スープに看板の水餃子を入れた湯餃子660円。水餃子の餡は豚肉、白菜が主。山椒やしょうがが素材の旨味を引き立てている　**2**見事な手際にも注目。薄力粉と水のみで作る生地は、食感だけなく素朴な風味も魅力だ　**3**渋いバリトンボイスで水餃子の食べ方をやさしく説明してくれる秋田義人さんの人柄も評判　**4**ごま油などを効かせた濃い味でお酒がすすむ、豚肉とネギ炒め880円。メニューの種類は創業からほとんど変わらない　**5**数年前にお店を改装したときに作ってもらった大きな提灯を目印に

りを本格的に教わり1983年に店を開いた。

ツルンとした熱々の水餃子は、独特のモチモチ生地と、餡からあふれる肉汁がたまらない。この味を求め訪れる数十年来の常連客も多いが、近年SNSで紹介されているのを見た若いお客も増えた。また、コロナ禍を機に少しでも困っている人の力になればと月に一度水餃子が食べられるこども食堂も開催している。「色んな方にうちの味を知ってもらえて日々充実していますよ」と義人さん。昔から変わらない水餃子でもてなす時間はまだまだ続きそうだ。

大阪府茨木市西駅前町8-5
072-623-2500
18:00～23:00（LO22:30）、日曜・祝日18:00～22:00（LO21:30）
休 月曜
交 JR京都線茨木駅より徒歩約3分

京都中華

二大系譜からなる京都中華の歴史

京都初の中華料理店『支那料理ハマムラ』（1924年創業）で料理長を務めた広東省出身の高《こう》華《か》吉《きち》氏は、当時脂っこいと不評だった中華料理をにんにくや香辛料を控え、出汁を効かせることで京都人好みの味にアレンジ。あっさりとやさしい味わいの中華は、またたく間に花街に浸透することとなった。戦後に独立した高氏は次々と名店を手掛け、数々の弟子たちが今もその味を受け継いでいる。

「毎日でも食べることができる中華料理」として、京都の人々に親しまれる〝京都中華〟は、広東料理ベースの「鳳舞系」に対し、北京料理ベースの「盛京系」という二大系譜が存在。ここでは、はるまきやカラシソバなどの名物が注目を集める鳳舞系の3軒を紹介。

はるまき

990円　※写真は2人前

卵入りの皮の中にはタケノコ、しいたけ、カニ身などを炒めた具材がぎっしり。好みで辛子しょう油をつけて

1 サイコロ状の豚肉、カリフラワーとパイナップルのみのシンプルなすぶた1100円。ふくよかな甘酢餡がなみなみと。この餡を他の料理にかけるお客も多いそう　2 1階はテーブル席。2階には円卓の個室を5部屋完備　3 純和風の京都らしい佇まいだが普段使いできる気さくな雰囲気

花街に愛され続ける あっさり上品な広東料理

祇園の一等地という場所柄、舞妓や芸妓が訪れることも多い竹香の料理は、にんにくや香辛料など匂いの強いものや脂を控えたやさしい味わいの料理が中心。1966年創業以来、変わらず愛されるはるまきは、お客の9割が注文する名物。一口サイズにカットし、食べやすさにも配慮している。艶やかで上品なビジュアルが印象的な酢豚は、京都・西陣の造酢店「林孝太郎造酢」の酢を使った甘酢が味の決め手。初代のこだわりが詰まった料理は今も花街の人々を魅了している。

京都　祇園四条

広東御料理《かんとんおりょうり》 竹香《たけか》

京都府京都市東山区新橋通花見小路西入ル橋本町390

☎ 075-561-1209

🕘 17:00〜21:00（LO20:20）

休 火曜

交 京阪本線祇園四条駅より徒歩約5分

自家製麺で奮闘
『鳳舞』から受け継ぐ味

２００９年に惜しまれつつ閉店した京都中華の祖『鳳舞』直系の弟子である相場さんが２０１５年に開店。味と技を受け継いだ鳳舞の名物カラシソバは、京都中華を代表するメニューとして全国から注目を集めている。鳳舞系で唯一となる自家製麺は、当時、麺作りを担当していた店主が研究を重ね、２種の小麦粉をブレンドしたもの。オリーブオイルを加えた食感もよく、鶏ガラ・昆布スープの旨味あふれる餡との絡みも抜群だ。伝統を守りながらも日々進化を続ける逸品をぜひ。

京都 今出川

鳳舞楼《ほうまいろう》

京都府京都市上京区新町通中立売下ル仕丁町327-7
075-555-5568
11:30〜21:00
休 火・水曜
交 京都市営地下鉄烏丸線今出川駅より徒歩8分

1 揚げた鶏モモ肉にピリ辛餡をかけたカラシミソ鶏1550円。酸味と辛みのバランスが絶妙で箸がとまらない旨さ 2 1階カウンター席のほかに2階テーブル席もあり。店内には師匠から譲り受けた調度品も 3 週末は行列ができる。2022年12月に、大阪市北区に2号店がオープン

カラシソバ
1100円

カラシ酢じょう油の爽やかな香りが食欲をそそる。レタスは後半に投入し、シャキシャキ感を出す

鳳《ほう》凰《おう》蛋《たん》

880円

鶏肉入り玉子焼き

火の通りを均一にするために胸肉を使用。厚みのある淡路島産の玉ねぎの甘さも際立つ

二代目の手仕事が光る やさしく繊細な出汁が決め手

京都中華の基礎をつくった高《こう》華《か》吉《きち》氏の二軒目『第一樓』で料理長を務めた初代が1955年に創業。現在は、二代目夫婦が暖簾を守り、広東料理を軸に季節の素材を取り入れた料理を提供している。鳳凰蛋と呼ばれる名物の玉子料理は、開店当時に慌ただしいランチタイムの時短メニューとして初代が考案したものだそう。毎日丁寧にとる鶏ガラスープと玉子で鶏肉と玉ねぎをとじた一品は、シンプルながらやさしい甘さととろとろ食感がクセになる味。

京都　京都河原町

芙蓉園 ふようえん

京都府京都市下京区市之町240
075-351-2249
12:00～13:00、13:10～14:00（最終入店13:30）、17:30～21:30（最終入店20:00）
休 火・水曜
交 阪急京都線京都河原町駅より徒歩約3分

1 大海老と彩野菜のXO醤炒め2090円※2カ月ごとに変わる限定メニュー、夜のみ　2 ランチタイムは、シューマイ、サラダ、スープ、ご飯（お替わり1回無料）デザートがつくセット1320円～もある　3『竹香』『糸仙』など芙蓉園出身店主による京都中華の名店も多数

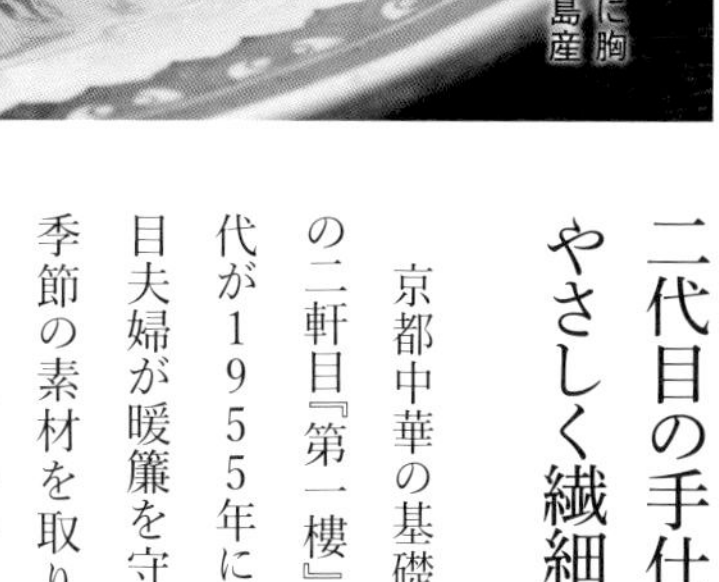
1

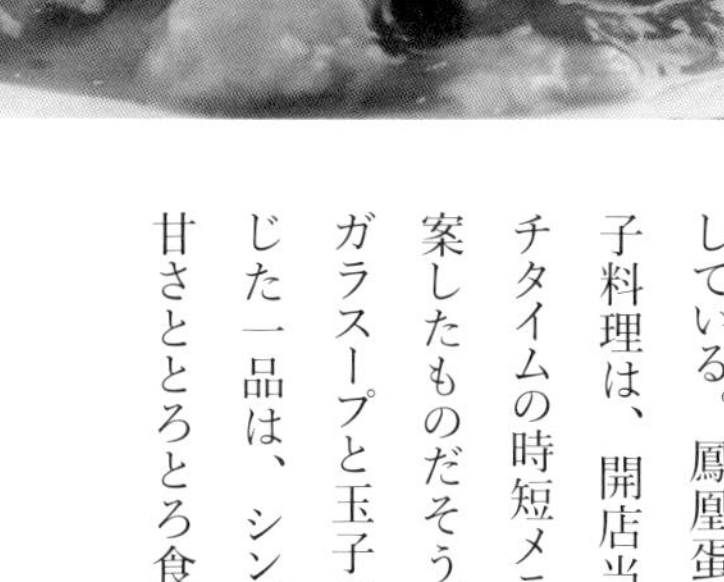
2

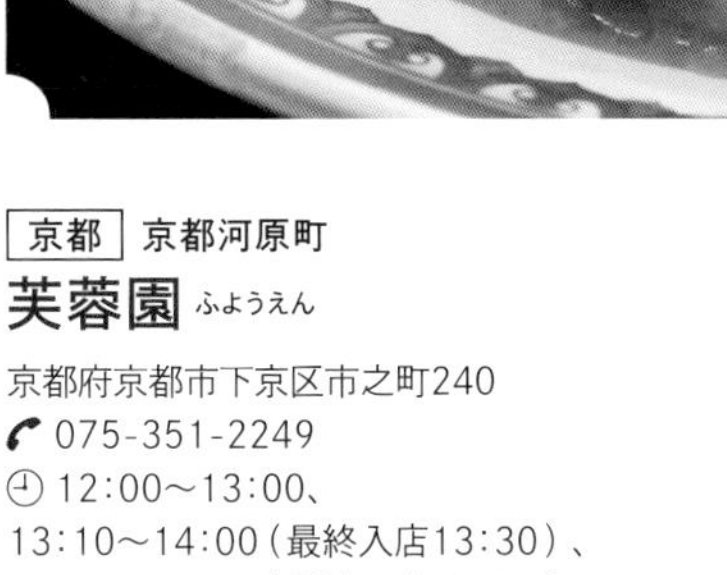

3

こんなに違う！？　餃子の王将に聞いた！

天津飯の餡事情

天津飯583円（写真は甘酢）、餃子1人前（6個）297円、麻婆豆腐605円
※東日本価格

撮影協力：餃子の王将 道玄坂店

1967年に京都で創業した「餃子の王将」で長年愛されている天津飯。西日本の店舗では「京風ダレ」がスタンダード。でも東日本では「甘酢」をはじめ3種類から選べるって知ってた？　気になるその理由と天津飯の餡にまつわるアレコレを広報担当者に聞いてみた！

東日本と西日本の天津飯、そもそもなぜ味が違うの？

―「餃子の王将」に通うお客様でも、東西で天津飯の餡が違うことを知らない人は意外に多いのではないでしょうか。

確かにそうですね。特に西日本エリアのお客様は、タレの味がほかにもあることをご存じない方もいらっしゃるかもしれません。

―1号店が京都市内ということで、西日本では「京風ダレ」になったのですか？

はい、販売当初からずっと、関西で好まれるしょう油ベースの餡です。

―東と西で餡の味を変えたのはなぜなのでしょうか？

関東では天津飯はもともと甘酢餡が一般的と言われていました。それで当社が東日本に出店する際、エリアの方々になじみの深い「甘酢」で提供することになったんです。

——現在のように「京風ダレ」や「塩ダレ」が登場したのはいつからですか？

約10年前ですね。関東圏には全国各地から来られた方が多いので、関東エリアを含む東日本エリアではお好みで味を選んでいただけるようになりました。

天津飯の裏技オーダー、ツウが好むアレンジとは？

——天津飯の具材は全国共通ですか？

はい。ねぎ、カニ風味かまぼこ、ご飯

甘酢

ケチャップベースでほどよい酸味が美味しい餡。主に東日本エリアの店舗で提供している。

と約2個分の卵を使っています。

——ちなみに裏技として、餡多めの「餡だく」ができるという噂を聞きました。

全国の店舗でお受けしています。「餡だく」だけでなく、「餡なし」も可能ですよ。海老のチリソースや麻婆豆腐など、別の料理と組み合わせてアレンジを楽しまれるお客様もいらっしゃいます。

実は……あのメニューも地域によって別の味がある!?

——天津飯のほかにも、東西で味の異なるメニューはありますか？

京風ダレ

しょう油ベースにしょうがの風味を効かせた餡で、西日本エリアのスタンダード。全国の店舗で提供。

焼そば550円（東日本価格）です。西日本はしょう油味ですが、東日本にはしょう油味とソース味があります。また、味噌ラーメンは、具の種類が東西で違うため、味わいも異なります。

——最後に、全国の「餃子の王将」ファンに向けてメッセージをお願いします。

いつもご利用いただき、誠にありがとうございます。これからもより美味しい料理を提供できるよう努めてまいります。東日本の店舗では、3種類のタレの天津飯をぜひ食べ比べてみてくださいね。

塩ダレ

かつお出汁をベースとした、塩味の餡。主に東日本エリアの店舗で提供している。

Column 3

名店看板コレクション

凝ったあしらいはないけれど、なぜだかグッとくる。バラエティ豊かな町中華の看板をラインアップ。

萬福
P102

東生園
P54

上海菜館
P14

中華料理 ぼたん
P80

パンダ食堂 晴山閣
P75

水新菜館
P104・124

紫金飯店
P6

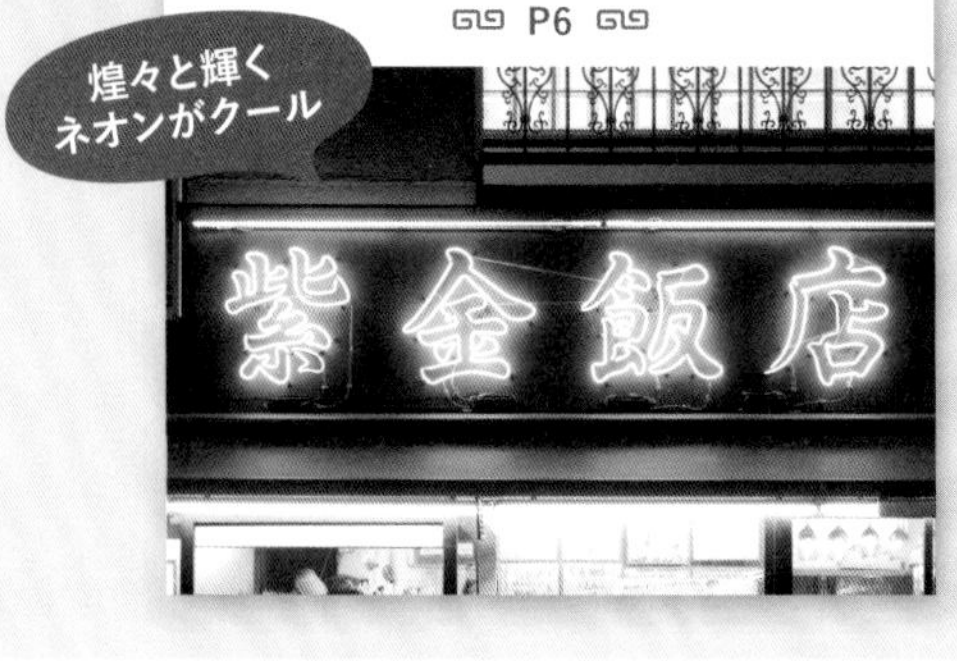

中華料理南海飯店 ハイハイ店
P63

名店の味をご自宅で!

全国お取り寄せ
餃子
&
中華グルメ

なじみの味もいいけれど、新たな出会いを楽しみたい…

そんな時はお取り寄せに挑戦してみるのはいかが？

行列必至のご当地餃子から定番の大阪土産まで、

全国各地のお取り寄せ餃子＆中華グルメを厳選してご紹介。

寄せ餃子

千葉　株式会社 奥丹

元祖 オクタン餃子 530円（20個入り）

香ばしい薄皮に閉じ込めた
野菜本来の甘みと旨味

約20種類の国産素材を使用。野菜はざっくりと大きめにカットすることで、シャキッとした歯応えと、野菜本来の甘みと旨味が楽しめる。水を入れて沸騰させた後、水を捨ててごま油を垂らすのが美味しく仕上げるコツ。

オンラインショップまたは電話・FAXにて注文受付
047-375-2800
（FAX 047-375-2803）

1急速冷凍を行うことででできたての旨味をそのまま閉じ込める　2素材の味を生かしたやさしい味わい

宮崎　餃子の馬渡

もっちり餃子 1750円（30個）

1付属の自家製ラードを使うことで香ばしくカリッとした焼き上がりに　2コシのある食感はスープ餃子にも最適

秘伝の皮と厳選食材
自家製ラードの三位一体

餡には宮崎県産の新鮮野菜と合いびき肉を使用。北海道産と九州産の小麦粉をブレンドしたコシのある皮で包むことにより、名前通りのもっちり食感を生み出す。冷凍のまま調理し、付属のラードが溶けたら熱湯で蒸し焼きにして。

オンラインショップまたは電話・FAXにて注文受付
0983-35-4441
（FAX 0983-35-4442）

北海道　ぎょうざの宝永

宝永餃子 1080円（スタンダード・20個）

1北海道産食材の旨味を凝縮　2定番のスタンダードのほか、チーズ餃子や手羽餃子などの変わり種も人気

北海道の食材を駆使し
バラエティも豊富に

豚肉・キャベツ・ニラ・にんにく・しょうがで作る餡を、餅のように弾力のある皮で手包み。野菜のシャキシャキとした食感と、皮のもっちりとした歯応えが特長。茹でてから焼き目を付けると、きれいに仕上がる。

オンラインショップまたは電話にて注文受付
0126-25-8837

※商品代金のほか、別途送料等がかかる場合がございます。予めご了承ください。

全国お取り

東京　按田餃子

按田餃子セット 3888円（40個）

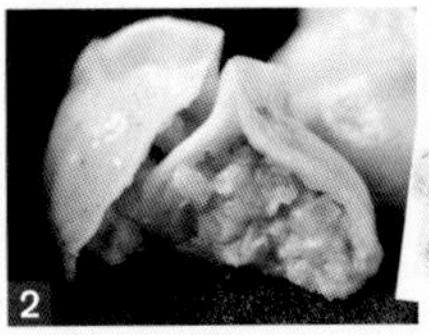

1食べ比べができてギフトにも人気　2おすすめの食べ方は水餃子。焼き餃子のほか、鍋やスープに入れても旨い

バリエーション豊富な 鶏&豚のカジュアル餃子

国産の鶏肉や豚肉に季節ごとの食材をブレンドした餡を、殻ごと砕いたハトムギの皮に包むことで上品な味わいに。按田餃子セットは白菜と生姜の鶏餃子、大根と搾菜の豚餃子など、人気の4種類の味が楽しめる。

オンラインショップにて注文受付

栃木　宇都宮餃子 宇味家《うまいや》

冷凍生餃子 1188円（20個）

1焼き餃子だけでなく水餃子や揚餃子もおすすめ
2しっかり蒸し焼きにするには多めの水を使うのがポイント

水にまでこだわった 宇都宮餃子の進化形

栃木県那須産の豚肉と日本各地から取り寄せた厳選野菜で丁寧に作られる餡は、還元水を使用した皮で包むことにより、後を引く旨味を生み出す。熱湯に小麦粉を混ぜて焼き上げることで、カリッと香ばしい仕上がりに。

オンラインショップまたは電話にて注文受付
028-621-1417

静岡　ホワイト餃子 静岡店

生餃子 1360円（32個）

丸いフォルムが食欲を誘う カリッと香ばしい揚げ餃子

自家製の皮や遠州黒豚肉、国産野菜など、健康面にも配慮して材料を厳選。たっぷりの油で揚げ焼きにすることで、こんがりと食欲をそそるきつね色に。カリッとした皮の食感と餡のやさしい甘みがクセになる味わい。

オンラインショップにて注文受付
054-330-8172

1丸みを帯びた饅頭のようなフォルムが個性的　2揚げ焼きはもちろん水餃子や蒸し餃子でも美味しくいただける

寄せ餃子

静岡　元祖浜松餃子 石松ぎょうざ

石松餃子 3240円（60個）

1にんにくは控えめ。国産豚肉を使った贅沢な味わい　**2**もやしを添えるのが浜松スタイル

野菜たっぷりでヘルシー
浜松を代表する餃子

　浜松の老舗が誇る名物餃子は、秘伝のつなぎで合わせたキャベツと豚肉をもちっとした薄皮で包んだ、やさしくて深みのある味わい。フライパンにごま油をひき、冷凍のまま並べて水を入れ、強火で焼き上げれば、お店のような美しい焼き色に。

オンラインショップにて注文受付
053-582-6666

京都　ミスターギョーザ

冷凍餃子お試しセット 2160円（36個）

昼夜問わず行列ができる人気店。お試しセットは酢じょう油タレ、味噌タレ、ラー油タレ付き

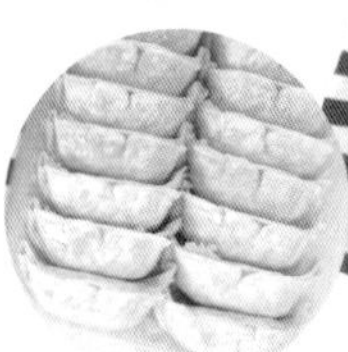

　1971年創業の餃子専門店。野菜と肉、調味料がなじむまでじっくりと寝かせた餡は、野菜のやさしい甘みがあり、子どもから大人まで食べやすい味わい。パリッと焼き上げて、酢じょう油、味噌、ラー油の3種類のタレで味わって。

幅広い層から愛される
食べやすさ重視の味わい

オンラインショップにて注文受付
075-691-1991

三重　ぎょうざの美鈴《みすず》

美鈴の手延べ餃子 1600円（30個）

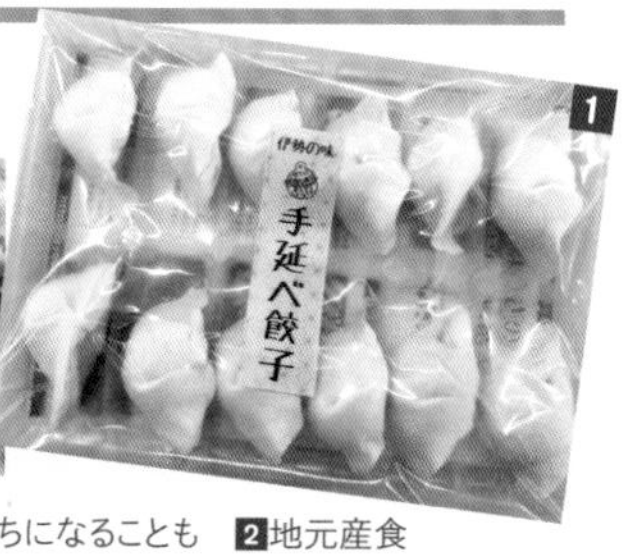

1人気商品のため数カ月待ちになることも　**2**地元産食材にこだわり、タレには伊勢のたまりしょう油を使用

　1963年の創業当初から変わらぬ製法で、地元野菜たっぷりの餡をじっくり寝かせた皮で包む。塩にまでこだわった餡は、噛むほどに旨味が広がり、口の中でとろけるような食感がたまらない。伊勢たまりしょう油の特製タレでいただく。

満州の味をアレンジ
60年の伝統を受け継ぐ

オンラインショップにて注文受付
0596-25-2800

※商品代金のほか、別途送料等がかかる場合がございます。予めご了承ください。

全国お取り

ひょうたん

兵庫

冷凍生ぎょうざ 味噌だれ付
830円（14個）

1 神戸餃子の代表格。真っ赤なパッケージが愛らしい
2 あっさりとした餃子にコクのある味噌ダレがよく合う

特製味噌ダレを味変させて自分好みの食べ方を

半世紀以上、地元神戸で愛され続ける老舗。まずは赤味噌をベースにひき肉などを加えた特製ダレで。次に酢やしょう油、ラー油、にんにくを混ぜてお好みの味で味わって。味噌ダレを使った回鍋肉もおすすめ。

オンラインショップにて注文受付

大陸

兵庫

大陸 生（冷凍）餃子 2000円
（25個）

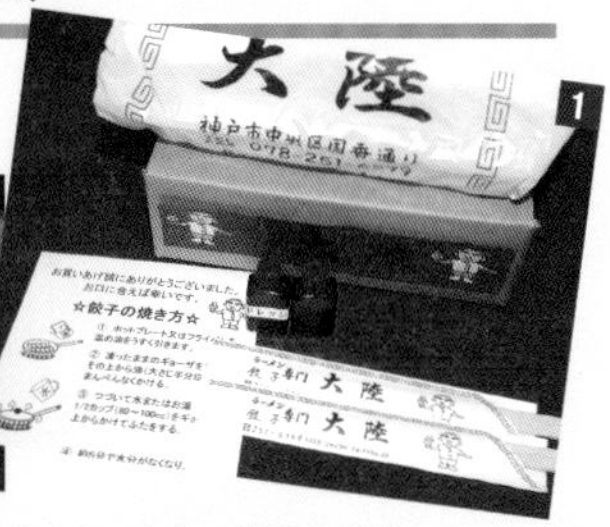

1 ほどよい甘口で子どもから大人まで人気の神戸の定番餃子　2 ジューシーな餃子はビールのお供にもぴったり

長年愛される神戸の名店 薄皮&王道の餡が絶品

40年以上にわたって神戸で親しまれる名物餃子。超薄皮で一口サイズの餃子は、パリッとした軽い食感が特長で、飽きがこず何個でも食べられる。ネット注文限定で味変用ドレッシングも付属していて、一度で二つの味が楽しめる。

オンラインショップまたはFAXにて注文受付
078-251-6599
（FAXも同様）

マルシン飯店

京都

マルシン飯店生餃子 1380円（20個）

京都が誇る中華の名店 専門店が届ける絶品生餃子

野菜は新鮮なうちに、豚肉は挽いたその日に餡にすることで、素材の旨味を最大限に引き出す。特製の皮と合わせることで、食べ応えのある深い味わいに。溶き卵とパン粉をまぶして餃子カツにするという変化球レシピも。

オンラインショップまたは電話にて注文受付
075-708-3756

1 メディアでもたびたび取り上げられる人気餃子　2 弱火から中火でじっくり焼くことでジューシーな仕上がりに

寄せ中華グルメ

大阪 551HORAI

豚まん 840円（4個入）

もっちり食感がやみつきに 大阪のあの味を全国で

言わずと知れた大阪名物。食感を出すためにサイコロ状にカットした豚肉とたっぷりの玉ねぎが入った具を、ほんのり甘く弾力のある生地で一つひとつ手包み。蒸して急速冷却することで、関西の味をそのままお取り寄せ可能に。

オンラインショップまたは電話にて注文受付
0120-047-551

1真っ赤な箱が目印の大阪土産の大定番　2家庭での温め直しは蒸し器か電子レンジで。カラシをつけて食べるのがおすすめ

兵庫 Liang You良友

牛シチュー 1188円（400g）

1牛シチューは400gで2～3人分ほど　2ボイルしたほうれん草や小松菜を添えれば、お店のような盛り付けに

口の中で旨味がとろける 秘伝の牛タンシチュー

神戸っ子御用達の「良友酒家」のセカンドラインとしてオープン。本場の点心師による点心や火鍋を味わうことができる。牛シチューは上質な牛肉を秘伝のタレでじっくり煮込んだ、とろけるような食感がたまらない一品。

オンラインショップまたは電話にて注文受付
078-333-6684

京都 中華のサカイ本店

冷めん焼豚入り 880円（1食）

1具材はハム830円と焼豚の2種から選べる　2具材をアレンジできるのはお取り寄せならではのお楽しみ

一年中食べたい！ 京都を代表する冷めん

1939年から営業を続ける京都きっての老舗中華料理店。自慢の冷めんは、コシのある太麺に秘伝のタレが絡み合う逸品。調理の際は氷水でいったん麺を洗ってぬめりを取ることで、モチモチした食感がアップする。

オンラインショップにて注文受付
075-492-5004

※商品代金のほか、別途送料等がかかる場合がございます。予めご了承ください。

東京 味芳斎(→P18)

麻婆豆腐 950円(1袋200g)

1全国丼グランプリでは3年連続『金賞』を受賞
2冷凍袋のまま沸騰したお湯で10分温めれば完成

多数のメディアで紹介された
やみつき必至の旨辛麻婆豆腐

創業60年を超える老舗の看板メニュー。熟成豆板醤のコク深い辛さと豆豉《トウチ》の塩気を絶妙な旨味に変えて、崩した豆腐に閉じ込めた逸品。一度食べたら忘れられない"とにかくクセになる味"をぜひご自宅で。

オンラインショップにて注文受付
03-3433-1095

兵庫 大貫《だいかん》本店

中華そば 770円

※写真は4人前。
メンマ・きくらげは別売り

1四代続く尼崎の人気店 2トッピングのきくらげやメンマ、もう一つの名物の黒いやきめしもお取り寄せできる

足踏み製麺にこだわって
受け継がれてきた伝統の味

1912年から受け継がれてきた伝統の中華そばは、足踏み製法による自家製麺の食感が特長。110年継ぎ足されている熟成しょう油スープに、モチッとした麺が相性抜群。ごま油&一味唐辛子、酢&こしょうなどアレンジもおすすめ。

公式サイトにて注文受付
06-6411-9583

神奈川 聘珍樓

小籠包ED(冷凍) 8個 1426円(4個入2パック)

熱々スープがあふれる
横浜中華街の名物小籠包

創業から130年を数える老舗中華レストラン。総料理長、総点心長が監修した小籠包は、もっちりとした皮と、中からあふれだすたっぷりのスープが絶品。電子レンジで調理する場合は、解凍してからレンジ用蒸し器を使って約2分加熱しよう。

オンラインショップまたは
電話にて注文受付
0120-886-629

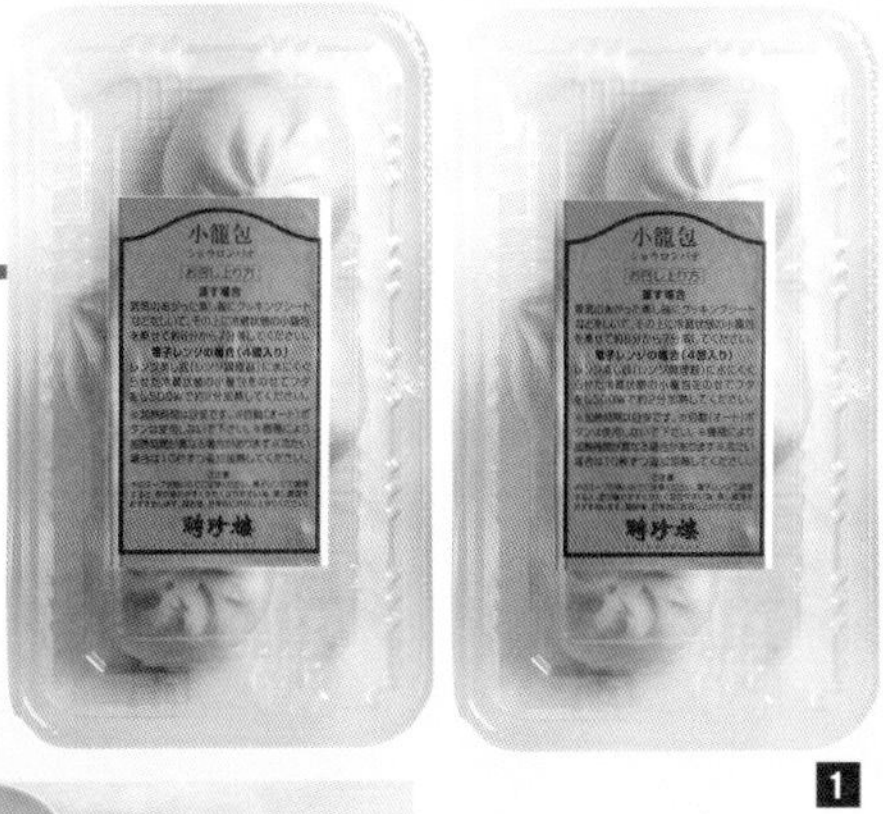

1長い歴史を誇る名店。小籠包は特に人気の一品 2蒸し器の場合は、解凍してからクッキングシートを敷いて約6~7分

水新菜館
オーナー
寺田規行さん
に聞く

町中華×ワイン ペアリングの世界

「ワインとの食べ合わせに欠かせないのは料理の油分。だからこそ中華はワインに合う」

そう断言するのは、ワインを日本での黎明期から愛し続けてきた寺田規行さん。

今回は水新菜館（P104）のワインリストから、珠玉のペアリングの数々をご紹介。

餃子 ×
ビルカール・サルモン ブリュット・ナチュール（フランス：ピノ・ムニエ種など）

餃子 570円

×

水新菜館提供価格 1万6500円

中華の前菜に合わせるのも、やっぱり“泡”！

ビール×餃子の黄金ペアリングが定番のように、中華と“泡”の相性は言わずもがな。中でも、野菜の味わいをダイレクトに感じる餃子や、ひき肉の旨味と皮のクリスプな食感がたまらない肉巻きなど、油を使った料理との組み合わせは格別。キレのよい酸味と細やかな泡が油分をすっきりと流し口内をほどよくリセットしてくれる。シャンパーニュやカヴァなど、辛口のスパークリングであれば、産地は問わず比較的どんな銘柄でも合わせやすいため、その日の気分やシチュエーションによって価格帯や銘柄などを変えるのもいい。

肉巻き × セグラヴューダス（スペイン：パレリャーダ種など）

肉巻き 880円

×

水新菜館提供価格 3850円

ワインのラインアップは月替わり。他にも豊富にご用意しておりますので、ご注文の際は気軽に相談してくださいね！

寺田規行さん
1970年代頃から、自身の趣味だったワインを自店で提供していたという生粋のワイン愛好家

あんかけ焼きそば ×
ジュヴレ・シャンベルタン（フランス：ピノ・ノワール種）

ワインの王様が店一番の人気メニューを引き立てる

あんかけ焼きそば 990円

水新菜館提供価格 1万8150円

油で焼き上げたパリパリ麺に、甘辛い餡を合わせたあんかけ焼きそばのお供には、ブルゴーニュのピノ・ノワールをぜひ。美しい酸を持ち、まるで水を飲んでいるかのようにスルッと飲めるナチュラルなストラクチャーが、しょう油の味付けを邪魔せず食事を引き立たせる。

食材とワイン、同じ産地の両者が共鳴する

料理とお酒の産地を合わせるのは、ペアリングを楽しむためのコツ。噛めば噛むほど旨味が出るイベリコ酢豚には、スペインの品種ベルデホを使ったワインとの組み合わせが至高だ。フレッシュでキレのよい酸が、甘酸っぱい酢豚の味わいをより高めてくれる。

水新菜館提供価格 1万1000円

イベリコ酢豚 ×
ベロンドラーデ・イ・リュルトン（スペイン：ベルデホ種）

イベリコ酢豚 990円

回鍋肉 ×
ダックホーン（アメリカ：メルロー種）

味噌の力強さに負けない！タンニンが料理のアクセントに

回鍋肉 1030円

水新菜館提供価格 1万6500円

味の強い味噌を使用した料理の場合、合わせるワインもある程度タンニンの効いた力強さが求められる。スパイシーな樽香も感じられるメルローを主体としたワインならば、きめ細かなタンニンが心地よいアクセントとして作用し、味わい深い料理の余韻を楽しめる。

※ワインは水新菜館で提供している一例です。金額や銘柄は変更となる場合があります。

INDEX

おうちで作ろう！ 町中華レシピ

一度は食べたい！ 町中華の名店

〈 大　阪 〉

店　名	最寄駅	掲載ページ
かどや飯店	蛍池	59
吉林菜館	九条	49
水餃子の店 哈尔濱	茨木	108
大洋軒	福島	63
中華厨房 もりもと	近鉄八尾	54
中華料理 居酒屋 珍八香	本町	67
中華料理 ぎょうざや	花園町	57
中華料理南海飯店 ハイハイ店	大阪上本町	63
中国家庭菜館 宝喜	大阪天満宮	66
中国酒家 福龍園	大阪天満宮	55
中国料理 四川屋 一創	正雀	55
中国料理 紫微星	天満	52
中国料理 龍門	北浜	51
天天菜館	千鳥橋	87
なんやかんや	桜川	50
笑々亭	今川	83
パンダ食堂 晴山閣	服部天神	75
平和樓	梅田	64
北京料理 龍	桜川	68
牡丹江	京橋	74
またきてや	江坂	61
丸正餃子店 本店	住道	59

〈 東　京 〉

店　名	最寄駅	掲載ページ
赤坂 珉珉	乃木坂	58
餃子のハルピン	三鷹	58
餃子の店 您好	幡ヶ谷	56
鶏龍軒	広尾	62
ことぶき食堂	荻窪	62
大勝軒	浅草橋	72
台湾料理 生駒	菊川	69
玉屋	十条	86
鶏舎	池尻大橋	70
芝蘭 板橋本店	地下鉄赤塚	53
中華そば 天宝	渋谷	69
東生園	銀座	54
福来軒	稲荷町	60
丸吉飯店	大井町	48
丸昭中華料理店	八幡山	82
丸鶴	大山	51
萬福	東銀座	102
三貴苑	半蔵門	65
水新菜館	浅草橋	104・124
みんみん	吉祥寺	106
梅林	五反田	73

〈 京　都 〉

店　名	最寄駅	掲載ページ
広東御料理 竹香	祇園四条	110
芙蓉園	京都河原町	113
鳳舞楼	今出川	112

東京・大阪　名店の味が再現できる!

ひみつの町中華レシピ

2023年2月28日　第1刷発行
2023年3月30日　第2刷発行

編　著　朝日新聞出版
発行者　片桐圭子
発行所　朝日新聞出版
〒104-8011　東京都中央区築地5-3-2
(お問い合わせ) infojitsuyo@asahi.com
印刷所　大日本印刷株式会社

Published in Japan by Asahi Shimbun Publications Inc.
ISBN　978-4-02-334065-7

定価はカバーに表示してあります。
落丁・乱丁の場合は弊社業務部(電話03-5540-7800)へご連絡ください。
送料弊社負担にてお取り替えいたします。

STAFF

企画・編集
塩澤 巧（朝日新聞出版 生活・文化編集部）

取材・編集
ピース（西川 和／上田亜矢／西原綺音／田中千裕）
丹下紋香／森岡美香／岡田あさみ／柴山小枝
鈴木聖子／安田彩華／三浦江利子／後藤 愛
黒田奈保子／福井 晶／李 宗和／団野香代
山下貴將／伊東孝晃

デザイン
ピース（長谷川 歩）

校正
木串勝子

撮影
深澤慎平／柏木ゆり／菅 朋香／キムラミハル
田村和成／村瀬高司／木村正史／李 宗和
大﨑俊典／Ayami／本郷淳三／魚住貴弘